グループ経営の法的研究

構造と課題の考察

河合正二 著

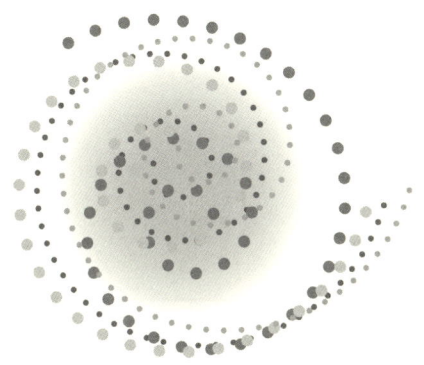

法律文化社

はしがき

　昨今の企業を取り巻く環境は、大変厳しいものとなっている。その１つの現れとして、経済のグローバル化等にともなう世界的規模での企業間競争の激化があげられる。このような社会環境のなかで、各企業が競争に打ち勝っていくためには、企業単体としてではなく、グループ全体として立ち向かっていかなければならない。その論理的帰着として、グループ全体を１つの経営単位として捉えた「グループ経営」が大きく普及することとなった。
　ところがこのような実態とは相反するかのように、企業法制である会社法の規整は、基本的には、依然として個々の株式会社ごとに定められている。すなわち、グループ関係・親子会社関係を規制するまとまった制度が存在しておらず、また法的手当てもなされていない。したがって、グループ経営における企業統治は、法人格が異なる個別企業を予定した従来からの会社法（商法）の枠組みの中で実現していかなければならない。
　このように現行会社法においては、企業集団を念頭においた企業統治が想定されておらず、またそれに関する実体的な規整も設けられていないため、各企業集団は、グループ会社間における取締役を中心とした役員の権限と責任関係が不明確な状態のまま、グループ経営を行っていかなければならない。
　そのため様々な不明点・疑問点が生じることとなる。具体的には、親会社取締役は、子会社管理を行っていくうえでどこまでの権限が与えられ、それに対応してどのような義務と責任を負わされることになるのであろうか。子会社管理における親会社取締役の責任に関しては、そのケースを扱った裁判例はきわめて少なく、司法判断の傾向は明らかではない。
　ところがここにきて、親会社取締役による子会社管理に関する義務と責任を検討していくうえで、きわめて重要な法改正がなされている。具体的には、2005（平成17）年に制定された新会社法において、大会社における「内部統制システムの構築・運用義務」が明文化され、その構築・運用すべき内部統制シス

テムの範囲が企業集団にまで拡大されることとなった。この企業集団における内部統制システムの構築・運用義務が明文化されたことによって、子会社管理における親会社取締役の義務と責任にどのような影響を及ぼすことになるのであろうか。

また、現在のグループ経営は多岐にわたっている。このグループ経営の形態の違いによって、子会社管理における親会社取締役の義務と責任に差異が生じてくるのであろうか。具体的には、子会社の管理・支配自体を事業目的としている純粋持株会社が親会社の場合には、それ以外の事業形態の会社が親会社の場合と比べて、当該取締役が子会社管理に関して負う義務と責任の範囲は拡大するのではないかとも考えられる。

このように立法化やグループ経営の形態の違いが、子会社管理における親会社取締役の義務と責任にどのような影響を及ぼすことになるのであろうか。

また、一連の数次の商法改正により、企業再編手法の弾力化や、機関設計の柔軟化がなされ、より一層効率的なグループ経営の推進が可能となったが、その一方において、純粋持株会社の創設等にともなう「株主権の縮減」の問題や、それにも関連するが、親会社取締役による不当な支配等、統一的指揮に基づく企業グループの適正な経営の実現という観点からは、多くの課題を残している。

まず問題となるのは、「グループ経営における適正な経営の実現」といった場合の「適正な経営」とはどのような状態をいうのか、企業グループにおいては、この点が単体企業の場合と比べて、きわめて複雑な様相を呈している。なぜならば、企業グループ内においては、親会社・子会社双方において、自社の利益とグループ全体の利益が必ずしも一致しない場合が想定されるからである。

このような場合、企業グループにおける親会社および子会社の取締役は、グループ全体の利益を優先すべきなのか、自社の利益を優先すべきなのであろうか。さらに企業グループ内においては、親会社取締役が子会社役員を兼任することが当然のごとく想定される。このような兼任取締役の場合、「自社の利益」という場合の「自社」とは、親会社・子会社どちらを指すのであろうか。

そして、統一的指揮に基づく企業グループの適正な経営を実現するという観点からは、取締役の経営行為の公正を確保するしくみの制度的な整備が必要と

なる。具体的には、取締役の経営行為を事前事後にわたって牽制し、取締役が違法行為をした場合には、当該取締役の地位を失わせることのできるしくみを構築することが何よりも重要となる。そのためにはどのような法整備、どのような運用をしていく必要があるのであろうか。

　また、取締役の経営行為の公正を確保するためには、違法行為をした取締役に対する事後の責任追及のあり方を検討していくこともきわめて重要である。グループ経営における親会社および子会社取締役に対する責任追及のあり方を検討していくうえで、避けて通ることができないのが「多重代表訴訟制度」である。ところがこの多重代表訴訟制度に関しては、随分以前から活発な議論がなされながらも、いまだに立法化に至っていない。

　このように、円滑なグループ経営を促進していくためには、いまだに様々な課題・難問が山積みされている。円滑なグループ経営の促進に向け、様々な不明点・疑問点を1つひとつ検討しながら、それらを明らかにしていくのが本書の目的である。

目　次

はしがき

第1章　子会社管理における親会社取締役の義務と責任 ── 1

1　はじめに ………………………………………………………… 1

2　グループ経営が普及するようになった背景 ………………… 3

　1　実務面からみたその背景(4)　2　法制度面からみたその背景(4)

3　グループ経営の種類とその活用事例 ………………………… 5

　1　従来型のグループ経営(5)　2　相互支援型グループ経営(6)　3　ネットワーク型グループ経営(7)

4　グループ経営促進に向けての現行会社法上の問題点とその対応 ……………………………………………………… 8

　1　問題の所在(8)　2　親会社の立場からみた子会社管理を行っていくうえでの問題点と対応(10)　3　子会社の立場からみた会社法上の親子会社法制の問題点と対応(19)

5　子会社管理における親会社取締役の責任 …………………… 24

　1　問題の所在(24)　2　親会社取締役による子会社管理義務の肯否(25)　3　「企業集団における内部統制システム構築・運用義務」の明文化が子会社管理に関する親会社取締役の責任に与える影響(31)　4　金融商品取引法における「財務報告に関する内部統制」が親会社取締役の責任に与える影響(38)　5　純粋持株会社における取締役の子会社管理に関する責任についての特殊性の有無(41)

6　おわりに ………………………………………………………… 43

第2章 グループ経営における内部統制システムの構築と運用 ―― 55

1 はじめに …………………………………………… 55
2 会社法に規定された内部統制システムの内容 ……………… 56
 1 新会社法の特徴と内部統制システムの位置づけ(56)
 2 新会社法上の内部統制システムの内容(57)
3 会社法上の内部統制システムと他の内部統制概念との関係 … 60
 1 COSOレポートとの関係(60) 2 金融商品取引法における内部統制との異同(62) 3 旧商法時代においても存在していた内部統制システムの構築義務(63) 4 旧商法時代におけるわが国の判例に登場した内部統制システム構築義務(64)
 5 旧証券取引法時代における上場企業と内部統制システム構築義務(72)
4 会社法上の内部統制システム構築・運用義務の法的性質 …… 73
 1 会社法上の内部統制システムと旧商法時代における内部統制システムの比較(73) 2 内部統制システム構築・運用義務と善管注意義務との関係(74) 3 内部統制システム構築・運用義務と監視・監督義務との関係(78) 4 内部統制システム構築・運用義務と経営判断原則との関係(81)
5 「企業集団における内部統制システム」に関する規定（会社法施行規則100条1項5号）の位置づけと役割 …………… 86
 1 「企業集団における内部統制システム」に関する規定の法的性質(86) 2 会社法施行規則に定められた内部統制システムに関する諸条項のなかでの「企業集団における内部統制システム」規定の位置づけと役割(87)
6 企業集団における有効なコンプライアンス体制の構築・運用とは ……………………………………………… 89
 1 問題の所在(89) 2 企業集団における有効なコンプライアンス体制を構築・運用していくうえでの最重要課題(90)
 3 企業集団におけるコンプライアンス重視の風土づくりのためには(90) 4 グループ全体にコンプライアンスを浸透させるための4つの施策とその展開方法(91)

7　企業集団における有効なコンプライアンス体制を構築・運用していくうえでの監査役の役割と監査内容……………99

　　　1　取締役の違法行為等コンプライアンス違反を防止するうえでの検討すべき項目（99）　2　企業集団における有効なコンプライアンス体制を構築・運用していくための親会社監査役の監査内容（100）　3　新会社法の制定にともなって発生した新たな課題（102）

　8　企業集団におけるコンプライアンス体制構築・運用に向けての留意点……………………………………………………………106

第3章　グループ経営における経営指揮と責任 ────── 115

　1　はじめに……………………………………………………115

　2　企業集団における機関構成員の義務の方向性……………117

　　　1　「自社の利益」を優先すべきか、「企業集団の利益」を優先すべきか（117）　2　親会社の場合（119）　3　子会社の場合（126）　4　兼任の場合（128）

　3　グループ企業の経営責任を検討するうえでの基本的考え方………………………………………………………………131

第4章　グループ経営における監査役監査 ──────── 137

　1　はじめに……………………………………………………137

　2　法改正にみる監査役制度強化の歴史と現実との乖離………138

　　　1　監査役制度強化に向けた商法改正の歴史（138）　2　監査役制度が機能していないと批判されている理由（139）　3　監査役による業務執行機関からの独立性を確保するための制度的検討とその問題点（140）　4　実効性ある監査を実現するために「独立性」以外に要求される要素（143）

　3　取締役の経営行為の公正を確保するために監査役制度に求められる「あるべき姿」……………………………………143

　　　1　監査役の「あるべき姿」を検討するうえでの基本的考え方（143）　2　「取締役の地位を失わせることのできるしくみ」の

　　　　具体的内容（144）　3　監査役会に取締役解任権を認めた場合の他の制度との整合性（145）　4　「妥当性監査」を明文化することの必要性（148）

　4　企業グループにおいて求められる監査役監査 ················ 149
　　　　1　親会社監査役が実効的な子会社監査を行ううえでの法制度面からの検討（149）　2　グループ経営における監査役制度の「あるべき姿」（150）　3　「グループ監査役会」設置にあたって検討しなければならない事項（152）

第5章　グループ経営における責任追及のあり方 ──── 159

　1　は じ め に ·· 159
　2　会社法における取締役の責任の構造 ························· 159
　3　会社法における取締役の契約責任 ···························· 160
　　　　1　債務不履行責任としての任務懈怠責任（160）　2　明文化された任務懈怠責任（160）　3　善管注意義務違反・忠実義務違反としての任務懈怠責任（161）
　4　親会社取締役が子会社管理に関して民事責任を負うケース
　　　　·· 162
　5　取締役に対する責任追及の主体とその方法 ················ 165
　　　　1　監査役による責任追及（165）　2　株主による責任追及（166）
　6　「多重代表訴訟制度」に関する立法論の検討 ············· 167
　　　　1　はじめに（167）　2　多重代表訴訟制度導入に関する議論が活発化した契機（169）　3　多重代表訴訟制度導入に対する消極説、反対説の概要（172）　4　多重代表訴訟制度導入に関する本章の立場（176）　5　多重代表訴訟制度導入への反対諸説に対する本章の見解（179）　6　おわりに（186）

第1章
子会社管理における親会社取締役の義務と責任

1　はじめに

　企業を取り巻く法的環境はこの約10年の間に大きく変化した。企業の社会的責任、いわゆるCSR意識の高まり等により社会の企業を見る眼は非常に厳しさを増しており、以前には問題にならなかったことが、今では大きく取り上げられるようになってきた。しかも内部告発が活発に行われるようになったことにともない、もはや不祥事を隠すことができない時代となってきている。またステークホルダーの権利意識の拡大等にともない、訴訟や損害賠償請求を受けるリスクも大幅に拡大した。そして独占禁止法・労働関係法令の改正、金融商品取引法の制定等企業に対する規制・取締強化のための立法化・法改正が相次いでおり、企業が刑事責任を追及されるケースも増大している。
　このような法的環境の変化のなかで、企業が生き残っていくためには、コンプライアンス体制の確立を中心としたリスク管理体制の強化が不可欠である。
　その一方において、企業の競争力強化のために新会社法が制定され、規制緩和による定款自治の拡大が可能となった。各企業にとっては、会社法という法律を有効活用していくことで、経営の選択肢を拡大し、自社の付加価値アップを可能にする絶好のチャンスが到来した。
　そして同時に、各企業が競争に打ち勝っていくためには、これらリスク管理〈守〉と法の活用〈攻〉を企業単体としてではなく、グループ全体として行っていかなければならない時代となった。なぜなら、世界的規模での企業間競争の激化のなかで競争に打ち勝っていくためには、グループ全体として立ち向かっていかなければならないからである。その論理的帰着として、連結経営が時代の潮流となり、連結子会社を含めたグループ全体を1つの経営単位として捉え

るような法制度・納税制度に移行してきている。またグループ関係を創出するための企業再編も、迅速かつダイナミックに行うことが可能となってきた。このような流れのなかで、今では連結経営よりさらに広汎な企業集団における経営形態として、「グループ経営」が普及することとなった。

　ところがこのような実態と相反するかのように、会社法の規整は、基本的には、依然として個々の株式会社ごとに定められている。つまりグループ関係、親子会社関係を規制するまとまった制度が存在しておらず、また特別の法的手当てもなされていないというのが会社法の現状である。したがって、グループ経営における企業統治は、法人格が異なる個別企業を予定した従来からの会社法（商法）の枠組みの中で実現していかなければならない。[1]

　このように現行会社法においては、企業集団を念頭においた企業統治が想定されておらず、またそれに関する実体的な規整も設けられていないため、各企業集団は、グループ会社間における取締役を中心とした役員の権限と責任関係が不明確な状態のまま、グループ経営を行っていかなければならないということになる。

　そのため、様々な不明点・疑問点が生じることとなる。具体的には、親会社取締役は、子会社管理を行っていくうえでどこまでの権限が与えられ、それに対応してどのような義務と責任を負わされることになるのであろうか。一方、親会社の子会社に対する指図等により子会社に損害が生じた場合、親会社は子会社および子会社の少数株主や債権者に対していかなる責任を負うのであろうか。その場合、親会社の取締役等の指図に従って業務を執行したことによって、子会社に損害を発生させた子会社取締役の責任はどうなるのであろうか、等々である。

　その中でも、グループ経営におけるグループ全体のリスク管理体制を構築するうえできわめて重要な検討課題となるのは、「子会社で不祥事が発生し、子会社はもちろんのこと、親会社にも損害が生じた場合において、親会社の取締役がどのような関与をした場合に、子会社管理についての責任を負うことになるのであろうか」ということである。

　前述のように、社会の企業を見る眼が厳格化しているなかで、グループにお

ける特定の企業において不祥事が発生した場合、グループ全体の信用が失墜し、グループとしての企業価値が大きく損なわれることになる。このことは昨今の様々な企業不祥事の事例からも明らかである。ところが「子会社管理における親会社取締役の責任」は、学説上は様々に議論されているが、裁判例はきわめて少なく、司法判断の傾向は明らかではない。

　ところが、ここにきて大きな変化が起こっている。具体的には、2005（平成17）年に制定された新会社法において内部統制システムの構築・運用が義務化され、その具体的内容として、「企業集団における内部統制システム」の構築・運用義務が明文化された。また金融商品取引法においても、財務報告に関する内部統制が法文化された。一方、純粋持株会社が解禁され、子会社管理・支配自体を事業目的とした従来とは異なる形態のグループ経営が広く普及することとなった。

　このような法改正や従来と異なる形態のグループ経営の普及が、今後このテーマの検討に大きく影響してくるのではないかと考えられる。

　そこで本書では、グループ経営における法的構造と諸問題に関し、まずはグループ経営が普及するようになってきたその背景やグループ経営の種類と活用事例、そしてグループ経営促進に向けての現行会社法上の問題点と対応を検討したうえで、「子会社管理における親会社取締役の責任」について論じていきたい。

2　グループ経営が普及するようになった背景

　現在、企業経営はグループ経営の時代を迎えている。グループ経営の定義としては、明らかに定まったものはないが、一般的には「企業単体としてではなく、連結子会社を通じてはもちろんのこと、連結・資本関係にない場合も含めて、複数の企業集団が連携して、事業目的を達成するために行われていく経営戦略、またはそれを支えるマネジメント」と捉えることができる[2]。

　それではなぜ今、グループ経営が大きく普及するようになったのか。実務面、法制度面の両面からその背景をみておくことにしたい。

1　実務面からみたその背景

　まず根底にあるのは、経済のグローバル化等にともなう世界的規模での企業間競争の激化である。各企業は競争に打ち勝っていくためには、企業単体としてではなく、複数の企業集団が連携して立ち向かっていかなければならない。

　複数の企業集団は、競争に打ち勝っていくために、たとえば、経営の機動化を中心としたグループ全体の効率化を図る、本社機構（親会社）を中心とした指揮命令系統を強化・統一する、あるいは、相互支援や自社の弱い部分を他社に補完させることによって相乗効果を図るといったように、様々な目的や狙いをもってグループ経営を推し進めるようになったのである。

2　法制度面からみたその背景

　次に、制度面をみてみると、まず連結開示・連結納税等の整備が進み、連結子会社を含めた複数の企業集団を1つの経営単位として考える必要が出てきた。

　具体的には、1990年代後半より連結中心の会計制度に変更され、2000（平成12）年の会計ビックバン以来、連結情報がディスクロージャーの中心となってきた。そして2002（平成14）年の税制改革により、連結制度が導入されるに至った。このような制度面の改正により、各企業は、企業集団における経営形態であるグループ経営という考え方を取り入れざるをえなくなってきた。[3]

　また、企業間競争の激化を背景として、親子会社関係を含めたグループ関係の創出を促進するための法整備が着々と進行してきた。具体的には、独占禁止法の改正による持株会社の解禁（1997年）に端を発し、完全親子会社関係を創設しやすくするための株式交換・株式移転制度（1999年）および会社分割制度（2001年）が商法改正によって新たに設けられた。そして、その仕上げともいうべきものが、2005（平成17）年の新会社法制定にともなう再編手法の拡大・簡素化である。これらによって、グループ経営促進のためのスタートラインとなるインフラ（企業結合方法、事業再編手法）が大幅に整備された。

　それ以外にも、新会社法においては、親会社と子会社の概念の変更（議決権数だけではなく、実質的な支配基準が加味された）、内部統制システムの構築・運用

義務を企業集団にまで拡大する（グループ全体でのリスク管理の強化が図られた）といったように、複数の企業集団を1つの経営単位と捉えた制度や、機関設計の多様化・柔軟化といったように、グループ経営の形態に有効活用できる制度（グループ全体の効率化と親会社による統制の強化を図るべく、子会社での取締役・監査役の員数削減といった選択が可能となった）も相次いで創出されている。

3 グループ経営の種類とその活用事例

このように実務面からグループ経営の必要性・重要性が増大し、また、法制度面からもグループ経営を促進させる動きが加速しているなかで、実際に各企業は、どのような形でグループ経営を行っているのであろうか。まずは実際のグループ経営の種類とその活用事例を取り上げておく。

1 従来型のグループ経営

この形態は、独立した複数の企業が「連結」してグループ経営を行っていくケースである[4]。いわゆる親会社単独ではなく、子会社を含めた企業グループ全体の効率化と親会社による統制の強化を図りながら、経営を行っていく形態である[5]。この形態においては、一般的に、親会社がグループ全体の経営戦略を策定し、連結決算によって収益を管理していくことになる。

会計ビックバンの一環として2000年3月期に連結会計制度が導入されて以来、上場企業の業績はグループ全体、すなわち連結ベースで評価されることとなった[6]。

連結経営が重視されるようになった背景としては、不採算な事業の存在を隠蔽したり、不良在庫や損失を子会社に持たせて、業績をよく見せかけようとした事例が多く存在したことが関係している。しかし不正防止だけが連結経営の狙いではない。グループ企業が抱えている様々な事業を整理・統合し、再構築することによって、グループ全体の効率化を図りながら、競争力をあげていくことが重要な狙いである。この場合、グループ全体としてどのような事業を手がけていくべきか、そのためにはどの事業を捨てて、どの事業を残すかといっ

た経営資源の再配分を明確にしたうえで、グループの進むべき方向性・将来像を描くことが不可欠となる。そのためには、親会社トップは、グループ全体の戦略策定と事業の範囲、そして役割分担の見直し、適材適所の配置までを含めて、的確な判断を求められることになる。[7]

また、グループ内の統制を強めていくためには、親会社の完全持株会社化・カンパニー制も視野に入れていくことになる。

このようなグループ経営の先進事例となったのが「帝人」である。帝人は、2003年に1.2倍前後だった連単の売上高の倍率が4倍になるなど、グループ企業の占める売上が年々増加してきている。これは経営資源の再配分を最適にすべく、分社化や事業再編を積極的に推進した結果であろう。その一方で本社の規模はできるだけ縮小し、繊維や医薬といった各カンパニーの強みを伸ばし、自立できるようにしたことも、グループ企業の売上拡大に大きく貢献している。[8]

また、連結経営を支える会計システムで先行していたのは「味の素」である。味の素では、国内外のグループ企業約120社の会計データをインターネットで本社に素早く集約し、事業部門ごとの損益計算書や貸借対照表をはじめ、ROE（株主資本利益率）なども算出して、それをグループとしての戦略立案に活用している。[9]

なお、この形態のグループ経営における「子会社」とは、連結対象子会社を指すが、より広い企業グループとして、関連会社や持分法適用会社も、この「子会社」に含めて考えてよいであろう。

2　相互支援型グループ経営

1の形態が連結、資本系統で結びついたグループであるのに対し、非連結・資本系統の異なる複数の企業がグループを形成することもある。そしてその複数の企業が基本的には対等な立場で、相互に支援しながら事業を多角化し、あるいは集約し、相乗効果を出していくというグループ形態を、ここでは「相互支援型グループ経営」と呼んでいきたい。

この形態で成功したのが「住生活グループ」であろう。具体的には、2001（平

成13) 年にアルミサッシなどを手がける建材メーカー大手の「トステム」と、タイル・トイレ・バス・キッチン等水まわりを扱う大手メーカー「INAX」が経営統合を行い、純粋持株会社「INAXホールディングス」(2004年に「住生活グループ」に商号変更) を設立したものである。

　住生活グループという事業統括会社の傘下で、建材のトステムと水まわりのINAXという共通項は多いが、若干事業が異なる事業会社が提携、相互支援を行っていくことによって、事業は多角化あるいは集約化され、大きな相乗効果をあげることができたのである。元々INAXは森村グループであるが、森村グループとは資本関係のないトステムと経営統合を行い、別のグループ経営を行うようになったのである。

　また「大丸」と「松坂屋ホールディングス」の経営統合により、「J．フロントリテイリング株式会社」が2007 (平成19) 年9月に発足したが、これも同様の相互支援型のグループ経営の形態である。ただこのケースは、大丸と松坂屋の事業は同一であり、前述のトステム・INAXのように共通項は多いが、若干事業が異なる事業会社どうしの経営統合ではない。すなわち多角化よりも、相互支援による相乗効果という狙いを最優先した形態のグループ経営であるといえるであろう。

3　ネットワーク型グループ経営

　1の連結、資本系統が同じ企業と、2の非連結、資本系統のない企業が混在してグループ経営を行っているケースも存在する。この形態の主な特徴としては、中核となる企業が存在し、その周りに当該中核企業と資本関係にある企業、資本関係にない技術提携先、当該中核企業もしくはその関連企業と資本関係にある企業が他企業との間で共同出資をして設立した合弁企業等が、衛星的に存在しているというものである。

　この形態は2のケースと異なり、非連結・資本関係にない企業が、基本的には対等の形で存在しているわけではない。あくまで中核企業が存在しており、当該中核企業は、自社が有する中核的能力をより発揮できることにだけ取り組み、その中核的能力を強く発揮できる企業と連携、提携していくことになる。

すなわち、強いところは自社で対応し、弱いところは他に協力を求めるというものである。このようなグループの形態を、ここでは「ネットワーク型グループ経営」と呼んでいきたい。

この形態で成功したのが「ミスミ」であろう。ミスミは、金型用部品・FA用部品・エレクトロニクス部品・機械加工用用具の企画・販売を行っている企業である。そしてミスミは自社で企画した金型部品等を、精密加工技術に関して屈指の「駿河精機」に製造させ、カタログ販売のノウハウを有する「プロミクロス」を通じて、カタログで販売していくという戦略をとったのである。

具体的には、「ミスミグループ本社」を事業統括会社とする純粋持株会社を発足し、その中に金型部品等の製品企画を行う「ミスミ」、それを製造する「駿河精機」、そしてできあがったものを販売する「プロミクロス」を、それぞれ事業会社として傘下におさめ、機能させたのである。すなわち、「ミスミが創って、駿河精機が作って、プロミクロスが売る」というグループとしての一気通貫体制を強力に推し進めたわけである[10]。

このミスミグループ本社の中核企業は株式会社ミスミであり、中核的能力とは、金型部品等の製品企画ということであろう。ミスミグループは、この形態のグループ経営を推進することにより、2001年から2007年までの6年間において、連結売上を約2.5倍に伸ばすことができたのである。

4　グループ経営促進に向けての現行会社法上の問題点とその対応

1　問題の所在

前述のとおり、実務面からの要請と法制度面からの後押しを受け、「グループ経営」という経営形態は広く普及することとなった。

ところが、現行の会社法は、円滑かつ効果的なグループ経営の促進を阻む大きな問題点を抱えている。それは現行会社法上の規定は、依然として基本的には個々の株式会社ごとに定められており、グループ関係、親子会社関係を規整するまとまった制度が存在しておらず、また特別の法的手当てもなされていないということである。そのためグループ経営における企業統治は、法人格が異

なる個別企業を予定した従来からの会社法（商法）の枠組みの中で実現していかなければならないということになる[11]。もちろん、グループ関係、親子会社関係に関連するすべての面における規整が欠けているわけではない。

　繰り返しになるが、まずグループ関係、親子関係創設の面においては、株式交換・移転、会社分割等の規定が新設され、またそれらが一層、簡素化・多様化されることによって、親子会社を含めたグループの形成は格段に容易となった。

　また、会社の計算の面においても、2002（平成14）年の商法改正により連結計算制度が導入され、一定の企業集団を法律上一体とみるべく、連結財務諸表の作成が義務付けられるといった規整も整備されてきている。

　そして、開示の面においては、2001（平成13）年の商法改正により、親会社株主は、子会社の株主総会議事録、取締役会議事録、監査役会議事録、株主名簿、計算書類およびその附属明細書、監査報告書の閲覧権を有することとなり、さらに親会社の少数株主は、子会社の会計帳簿閲覧権を有することとなった。

　これに加え、監査に関しては、親会社の監査役または監査委員（委員会設置会社の場合）および会計監査人において、子会社調査権を有する規定が存在しており、1999（平成11）年にそれが強化されるに至っている。

　ところが、親会社による子会社の運営、管理という面に関しては、会社法上特別の規整は存在していない。すなわち、子会社の運営・管理に関しては、定義規定の他には実体的な規整はほとんど存在していないというのが実情である[12]。この問題は、純粋持株会社の解禁とその普及によって、大きくクローズアップされることとなった。

　純粋持株会社とは、自らは具体的な事業を遂行せずに、経営管理権を握る目的で、他の事業会社等の支配株式を保有し、支配することを目的としている会社をいうとされている[13]。すなわち、純粋持株会社の主たる業務は子会社の支配・統括管理にある[14]。このような子会社の支配・管理を会社の目的としている純粋持株会社にとって、グループ関係・親子会社関係に関する実体的な規整が存在していないということは、その運営上、特に、純粋持株会社の取締役が業務を執行していくうえで、その権限と責任関係に曖昧で不明確な状態が生じること

になる。このことは、純粋持株会社の傘下に属する子会社の取締役が、子会社における業務執行を行っていくうえでも同様である。ところがこの問題は別段、純粋持株会社関係に限ったものではなく、すべての親子会社にあてはまるものである。

ついては、親子会社関係に関する実体的な規整がほとんど存在していないということにより、具体的にどのような問題が発生し、その問題にどのように対応していけばよいのか、この点に関し、親会社、子会社それぞれの立場から検討していきたい。

2　親会社の立場からみた子会社管理を行っていくうえでの問題点と対応

親会社の立場からみた円滑な子会社管理とは、親会社が策定したグループ全体の経営戦略を、その傘下にあるグループ各社に十二分に理解させるとともに周知徹底させ、これを各グループ会社に実行させるといったように、親会社における意思決定内容を、グループ各社に浸透させていくことがその中心となるであろう。

しかしもちろんそれだけではない。親会社の意思決定内容が子会社によって適切に実施されているか否か、さらには、子会社の業務が適法かつ適正に行われているか否か等、子会社に対する監視・監督が適切に行われていることも重要な内容となる[15]。そして子会社に対する監視・監督を適切に行っていくためには、子会社の業務内容等が親会社によって的確に把握されていなければならない。

一方において、親会社の取締役による子会社管理が適正に行われているのか否か、すなわち、親会社取締役が子会社に対して不当な影響力を行使していないか否かを監視・監督する牽制機能も十分に発揮されていなければならない。

このような視点からみると、親会社が円滑な子会社管理を行っていくうえで、親会社に認められるべき重要な権利としては、主に以下の3つがあると考えられている。具体的には、

① 親会社取締役による子会社に対する経営指揮権
② 親会社監査役による子会社に対する調査・監督権

③　親会社株主による子会社に対する情報収集権である[16]。

ところがこの３つの権利行使に関しては、現行会社法上様々な制限があり、円滑な子会社管理が阻害されているとの批判もなされている。ついてはこの３つの権利行使に関し、現行会社法上どのような制度が存在し、どのような問題が生じているのか、そしてその問題解決に向けた対応方法について、１つひとつみていくこととしたい。

(1)　**親会社取締役による子会社に対する経営指揮権**　現行会社法上、親会社には、原則として子会社に対する指揮命令権と、それに基づく具体的な指図権といったものは認められていない。そこで親会社が子会社に対して支配力を及ぼし、経営を指揮していく方法としては、主に２つあると考えられている。

１つは、株式保有による支配株主としての地位において子会社の株主総会を支配し、そこで選出された取締役を通じて、取締役会における子会社の経営政策の決定に影響力を行使し、経営指揮を実現するというものである。もう１つは、親会社の取締役や従業員を子会社に派遣し、子会社の総会で役員に選任させることによって、経営指揮をとっていくという方法である[17]。すなわち、株式保有を背景とした間接的な方法、あるいは、事実上の支配力の行使により、経営指揮をとっていくというものである。

したがって、親会社による子会社に対する経営指揮は、子会社取締役にとっては法的拘束力をもつものではなく、親会社による支配的影響力の行使に従うことが事実上強制されているにすぎないということになる[18]。

この２つの方法以外に経営を指揮していく方法としては、子会社が親会社に対して、自社の経営を指揮する権利を付与するという企業契約を締結するというものがある[19]。

実務においては経営管理契約として締結する場合がよく見受けられる。すなわち、子会社がその経営を親会社（多くは持株会社）に委任し、親会社が受任者として子会社の経営を指揮するというものである。ところが、実務で用いられているこの経営管理契約は、当然のことながら、締結している企業群ごとにその内容は異なるものであろうし、また当該契約において、子会社に対する経営

指揮権の内容が具体的にどこまで定められているのかは不明な場合が多い。

特に、親会社による経営指揮に基づき子会社において具体的な業務執行がなされた結果、子会社に損害が発生した場合に、親会社が損害賠償責任を負うことになるのかといったことに関しては、定められているケースは少ないのではないかと思われる。しかし当該契約の締結によって、親会社取締役に子会社に対する一定の経営指揮権とそれに基づく指図権を認める以上、それに付随して、子会社管理に関する注意義務も親会社取締役に負わせる必要があると考えられる。

このような観点からすれば、実務上見受けられる経営管理契約が締結されることによって、直ちに親会社取締役に対して、合理的な範囲での子会社に対する経営指揮権が認められるとすることには疑問が残るのではないかと考えられる。

このように現行法上においては、親会社取締役による子会社に対する経営指揮権は、事実上の支配力に基づくものであるか、あるいは各企業集団における親子会社間での経営管理契約の締結という明確性・統一性を欠く任意の方法に委ねられていることになる。したがって、やはり立法による解決が望ましいと思われる。特に純粋持株会社においては、その必要性が強いのではないであろうか。

繰り返しになるが、純粋持株会社の主たる業務は、子会社の支配・統括管理であり、その利益の源泉は子会社の事業活動に依存している[20]。そして純粋持株会社は原則として対外的事業活動を行わないので、純粋持株会社の取締役は、子会社群に属する他の会社を支配し、これを統括管理することがその基本的職務となる[21]。

このように考えた場合、純粋持株会社における支配・統括管理業務とは、どのような内容を意味するのであろうか。一般的には、子会社およびその全体からなる企業集団の支配を確保し、それを基礎にして企業集団全体の経営戦略を決定し、これを個々の子会社に実施させるという点が基本であるとされている[22]。

その具体的な内容としては、企業集団全体としての中・長期的な経営政策の

決定と、それに基づく個々の子会社の事業範囲の決定と調整、企業集団の資金計画とその子会社への配分、資金計画に基づく資金調達、子会社の役員等の主要な人事の決定および個々の子会社の事業計画の承認等があげられる。そして親会社である純粋持株会社は、策定した企業集団全体のための経営戦略およびそれに基づく財務・人事等の経営計画に沿って、子会社の業務が適法かつ適正に行われているかを監視・監督し、それに反する場合には、その是正のための措置をとることが求められている。さらにそのような措置を効果的にとるための子会社に対する指揮権の確保や結合関係の維持を図るといったことも、その重要な業務内容とされている[23]。

したがって純粋持株会社は、持株会社自体の利益はもとより、グループ全体の利益をも考慮し、子会社の経営にも積極的に関与することが必要とされるし、そのためには子会社の重要な業務執行事項の決定に対する持株会社取締役による実質的な指示や制約の実効性の確保が求められる[24]。

ところが前述のとおり、持株会社に限らず、親会社取締役による子会社に対する経営指揮権とそれに基づく指図権は現行法上は認められておらず、その内容は解釈に委ねられている。そのため、持株会社における業務執行の一環として行われる子会社に対する経営上の指揮に関しては、これに従う子会社の側からみた場合に、格別法的拘束力をもつわけではないということになる。すなわち、子会社に対する方針の提示や一定の作為、不作為についての示唆、さらには具体的な指示について、子会社取締役はこれに従うことが法律上義務付けられているわけではないということになる[25]。

他方、子会社にとっても、親会社である持株会社取締役に子会社に対する経営指揮権が認められていないということは、大きな問題を抱えることになるであろう。なぜならば、持株会社の指図に従う法的義務がないにもかかわらず、持株会社の支配力の行使により、事実上拘束を受ける関係にあることから、持株会社取締役の指揮に従わざるをえないが、その場合の責任関係は曖昧なものとなってしまうからである。特に、子会社の取締役にとっては、持株会社の指揮に従い子会社自身が損害を被れば責任を免れないし、これを拒否すれば、解任等の制裁を受けざるをえないというジレンマにさらされることになる、とい

う指摘がなされている[26]。

このような問題点がある以上、親会社による円滑な子会社管理を進めていくためには、親会社および子会社それぞれの取締役の権限と責任関係を明確に定めることが重要であり、そのためには一定の要件のもと、親会社取締役による子会社に対する経営指揮権を法的に認める新たな企業法制が必要であると考える。

特に法人格の異なる他の会社の支配、管理を主な目的とする持株会社制度を是認する以上、持株会社の子会社に対する指揮権を一定の範囲で法的にも認め、それに対応してその傘下にある子会社の法的独立性を一定の範囲で奪うことを肯定せざるをえないという見解が主張されているが、賛成である[27]。

ただし、親会社の取締役に子会社に対する経営指揮権を一定の範囲で認めるということは、それにともなって、親会社取締役に子会社管理に関する義務と責任が明確に定められなければならないであろう。

そうなると親会社の取締役に子会社に対する経営指揮権を認めることが、親会社取締役にとっては、かえって不利に働く場面も出てくるであろうと考えられる。なぜならば、大規模な企業集団、大量の子会社群を束ねる親会社が存在した場合、当該親会社の取締役が、そのすべてのグループ企業の経営に積極的に関与することは、事実上不可能な場合も出てくるからである。

また、親会社が純粋持株会社の場合であっても、たとえば傘下の各子会社に対して、一定の裁量権を与えているような、いわゆる権限分散型のグループ形態をとっているような場合も当然に考えられる。このような状況にあっては、当該純粋持株会社の取締役に対して、子会社に対する経営指揮権を与えることにともなって、子会社管理に関する広汎な義務と責任を課すことは、かえって円滑な子会社管理が阻害されるおそれが出てくるのではないかとも考えられる。

いずれにしてもグループ経営の形態上、子会社に対する支配・管理が積極的に行われる必要がある場合には、子会社の業務内容を把握するための情報収集権や調査・監督権が十分に行使可能であるという前提のもとに、親会社取締役による経営指揮権を認めるべきであろう。

(2) **親会社監査役による子会社に対する調査権**　親会社監査役による子会社調

査権は、1999（平成11）年の商法改正により強化された。それまでの規定においては、親会社の監査役は、まずはその職務を行う必要がある場合に、子会社に対して営業の報告を求めることとなっていた。そして営業の報告を求めたにもかかわらず、子会社が遅滞なく報告を行わない場合や、またはその報告の真否を確かめるために必要がある場合に、報告を求めた当該事項について、子会社の業務および財産を調査することができるようになった。

それに対し、1999（平成11）年の改正により、親会社の監査役は、子会社の代表取締役に営業の報告を求めたり、あるいは、直接子会社の業務または財産状況を調査することもできることとなった。

ところが、子会社にとって正当な理由がある場合には、親会社の監査役の報告請求・調査を拒むことができるという点が維持されたことをもって、依然として、自社に対する監査・監督と比べれば、親会社監査役の調査権には制限があるという指摘がなされている。

そして、親会社監査役の権限行使が、その要件を満たさない不適法な場合や権限濫用によるといった場合のみならず、たとえ適法な報告請求・調査であったとしても、子会社にとって営業機密の保持などの理由があれば、それも親会社監査役の報告請求・調査を拒むことのできる正当な理由に含まれるという見解をとった場合[28]、親会社自身に対する調査と比べると、自ずと制限が生じることになる。

ところが親会社が純粋持株会社の場合、親会社の取締役の業務執行は、子会社の支配・管理にとどまることになる。そうなると、子会社の業務実態を把握することが、親会社監査役のきわめて重要な役割となる。そのことから、子会社調査権はより広汎に認められる必要があると考えられている[29]。

この問題を考えるにあたっては、そもそも親会社監査役による子会社調査権の制度は、商法上はあくまでも、親会社の監査にとって必要がある場合の例外的なものとして位置づけられてきたということを忘れてはならないであろう[30]。商法（会社法）のいう親会社監査役による子会社調査は、親会社自身の監査の必要性から、またその範囲でのみ認められるものである。つまり子会社自体に対する監査そのものではないということである[31]。

そしてこの「必要がある時」とは、親会社の取締役に対して営業の報告を求め、または親会社の業務・財産の状況を調査しても、それだけでは十分でないと親会社監査役が判断した場合に生じるものと考えられている[32]。

ところが純粋持株会社においては、事業活動はもっぱら子会社に依存することから、親会社監査役にとっては、子会社支配・管理にかかる取締役の業務執行がその中心的な監査対象とならざるをえない[33]。

このように考えると、親会社である純粋持株会社が、子会社に対して調査権を行使した場合に、子会社が正当な理由に基づきそれを拒否できる場合は、実際にはほとんどないであろうとする見解が主張されているが[34]、支持されるべきであろう。

むしろ、親会社監査役の子会社調査権を検討するにあたって問題となるのは、親会社監査役の監査対象が、親会社取締役の業務執行にある以上、親会社取締役の子会社に対する支配・管理の法的根拠や、その内容がはっきりしていないということにあると考えられる。

特に、純粋持株会社の取締役の場合、前述のとおり、持株会社制度自体が是認され、子会社に対する支配・管理がその業務執行の範囲と想定されているにもかかわらず、子会社に対する経営指揮権やそれに基づく具体的な指図権は認められておらず、子会社管理に関する義務と責任も依然として不明確なままの状態である。これでは、持株会社取締役の具体的業務執行の範囲も明確には定めることはできないということになる。

そうなると、親会社取締役の業務執行を監査するうえで、必要な場合に行使できるとする親会社監査役の子会社調査権の範囲もやはり不明確とならざるをえない。このように考えると、親会社監査役による子会社調査権は、親会社取締役による子会社に対する経営指揮権とセットで検討されるべき課題であろう。

(3) **親会社株主による子会社に対する情報収集権**　親会社株主による情報収集権に関しては、2001（平成13）年の商法改正によって大幅に強化された。具体的には、親会社株主に対して、子会社の会計帳簿・定款・株主名簿・株主総会議事録・取締役会議事録等の閲覧権が認められることとなった。

ところがこれらの権利はすべて株主が行使できるものであって、親会社の取締役や監査役が行使できるということについては明文の規定はない。そして親会社取締役には、子会社に対する経営指揮権やそれに基づく具体的指図権も認められていないといったことや、親会社監査役の子会社調査権は、自社に対するものと比べ制限されているといった理由により、現行法制度上は、親会社が株主権の行使として取得した子会社情報を実効的に行使できない、有効活用できないという指摘がなされている。

ところが、親会社取締役にとって子会社情報の正確な把握は、子会社管理を行っていくうえで不可欠なものである。したがって親会社取締役は、子会社管理における業務執行の一環として、子会社情報を収集する権利を当然に有しているものと考えられる。

また、子会社管理に関する親会社取締役の業務執行を監査するにあたり、必要な場合に子会社調査権を行使できる親会社監査役にとって、子会社情報の収集とその把握は、子会社調査権を行使する必要性を判断する前提となるものであり、これも認められてしかるべきものであろう。

問題は親会社株主が、親会社取締役の会社経営を実効的に監督するために、いかに子会社情報を有効活用できるか、ということにあるのではないかと考える。特に、自ら事業は遂行せずに、他の会社を支配・管理することを目的としている純粋持株会社の場合には、その株主が取締役の経営を監督するにあたって、子会社の業務内容等を調査する必要性は飛躍的に増大すると考えられている[35]。なぜならば、純粋持株会社においては、取締役の経営責任は、子会社の経営を適切に監督して、利潤をあげさせ、親会社である純粋持株会社に利益配当させるという子会社への支配・管理にあるとされているからである[36]。ついては、親会社株主が、親会社取締役による会社経営を監督するということは、親会社取締役による子会社に対する支配・管理を監督するということになると考えられている[37]。

ところが現行法上、親会社取締役には子会社に対する経営指揮権やそれに基づく具体的指図権は認められておらず、親会社取締役による子会社の支配・管理が、どこまでの範囲で可能であるのかは不明なままの状態である。そして、

そもそも親会社の取締役が子会社の経営を支配・管理することができなければ、親会社の取締役に対して、子会社に対する支配・管理責任を問うこと自体ができないと言わざるをえないであろう[38]。

このように考えると、親会社株主の子会社に対する情報収集権に関しても、親会社監査役による子会社調査権と同様に、親会社取締役による子会社に対する経営指揮権とセットで検討されるべき課題であろう。

なお、親会社株主が、親会社取締役の子会社に対する支配・管理を監督する前提として、親会社取締役による子会社への具体的な支配・管理方法について、社内稟議・決裁手続等を用いて明確にルール化しておくとともに、株主総会等においてその内容を株主に対して報告させるといった対応も必要となってくるであろう。

(4) **その他親会社株主保護の視点からみた現行会社法上の問題点**　親会社取締役が、子会社に対して、不当な影響力を行使しているか否かを監視・監督する牽制機能を十分に発揮させるためには、前述のとおり、親会社株主による情報収集権の充実が不可欠であるが、親会社株主保護の観点からは、親会社株主による子会社取締役への責任追及を可能とする、いわゆる「多重代表訴訟制度」を導入すべきではないかということが主張されている。

子会社の役員あるいは従業員の引き起こした不祥事によって、親会社に損害が発生した場合、親会社の株主が子会社の取締役の責任を追及する多重代表訴訟制度は、現行法上は認められていない。裁判上、親会社取締役の子会社管理に関する責任は、法人格の壁にも阻まれて、きわめて認められにくいということもあり、親会社の株主が、子会社の取締役の責任を直接追及できる多重代表訴訟制度も検討されるべき項目であるとされている[39]。

多重代表訴訟に関しては、アメリカではすでに一世紀以上にわたって判例上認められている[40]。アメリカにおいて多重代表訴訟が認められている背景には、企業結合関係にある現代の会社の変貌する複雑な構造に関する現実認識があるとされている[41]。すなわち、多重代表訴訟は、衡平法上の原則として、一世紀以上の長きにわたって認められてきたとされている[42]。

わが国においても、持株会社の解禁・普及にともない、多くの学説は、立法

論[43]もしくは解釈論[44]として、持株会社の株主は、持株会社の取締役だけではなく、子会社取締役に対しても、責任追及のための訴訟を提起しうるようにする必要があるとして、多重代表訴訟の導入を肯定している。その根拠としては、現行法においては、子会社の不祥事等にともない子会社に損害が発生した場合、それにともなって親会社（純粋持株会社）にも損害が生じたにもかかわらず、その損害額および因果関係等々の立証がきわめて困難であるということ[45]、また、組織再編行為にともなう原告適格維持の困難性の問題[46]等があげられている。

これに対し、経済界では、多重株主代表訴訟の導入は濫用の可能性が高まり、経営判断の萎縮を招くという観点もあり、否定的な立場が主流となっている[47]。この「多重代表訴訟制度」の導入の肯否に関しては、きわめて重要な検討課題であり、その詳細は、「第5章6『多重代表訴訟制度』に関する立法論の検討」に譲りたい。

3　子会社の立場からみた会社法上の親子会社法制の問題点と対応

親会社が自己の不当な目的実現の手段として、子会社を利用し、あるいは、親会社やグループ全体の利益を優先させて、特定の子会社に不当な犠牲を強いることは、もとより許されることではない[48]。

そこでこれらを事前に防止するための規制として、①子会社による親会社株式の取得禁止、②親子会社間の株式の相互保有規制、③子会社の計算での利益供与の禁止、などが定められている。これらの規制に関しては特に問題はない。

問題は、子会社の少数株主（親会社以外）保護や、子会社の債権者保護のための実体的規整が存在していないということであるとされている[49]。すなわち、親会社の不当な指示に基づく子会社の行為によって、子会社自体やその少数株主あるいは債権者等が不利益または損害を被るような場合には、事後的に、子会社が直接に、親会社ないし親会社取締役の責任を追及できる、あるいは、適切な救済を講ずべき制度がなければ、支配会社である親会社による従属会社である子会社への不当な影響力の行使を防止することはできないと批判されている[50]。

なぜこういった子会社救済のための規整が存在しないのかということに関しては、親会社自身が子会社の株主である以上、親会社以外の子会社の他の株主が、当該株主（親会社）あるいは株主である会社の取締役（親会社取締役）に対して責任追及することは認められない、ということがあげられるのであろう。

　したがって、親会社取締役の何らかの行為によって子会社に損害が発生した場合、子会社の少数株主あるいは債権者（以下「子会社株主等」）による責任追及は、親会社の取締役に対してではなく、あくまで取締役個人に対して行うことができるにすぎない、ということが原則になる。ところが個人に対して責任追及できるケースは限定されている。

　具体的には、個人である親会社取締役が、子会社取締役と共同して粉飾や詐欺を行った、といったいわゆる共同不法行為（民法719条2項）の場合ぐらいであろう。[51]ところが、これではあまりにも責任追及できるケースが限定されてしまうということで、子会社株主等の保護の観点から、親会社ないし親会社取締役に対して、直接責任追及ができる法的根拠が学説上様々検討されてきている。前述の共同不法行為の共同行為者とみなすというもの以外には、主に3つの説があり、その各々について反対説がある。

　第1に、支配株主である親会社を子会社の「事実上の取締役」と解し、親会社に旧商法266条（会社法423条・430条・462条・369条・120条・424条・425条・426条・427条）および同法266条の3（会社法429条・430条）の規定を適用しようというものがある。[52]また、これに近い考え方として、子会社取締役が支配株主たる親会社の直接的な指示に基づいて業務を執行する場合には、子会社取締役は、親会社の藁人形ないし道具にすぎず、実質的な経営担当者あるいは行為者は、支配株主たる親会社または親会社取締役にほかならないとして、支配株主である親会社を子会社取締役の概念の中に含め、取締役の責任規定を拡張適用すべきであるとするものもある。[53]

　これら第1説（事実上の取締役説）に対しては、わが国の会社法には商法時代から一貫して、事実上の取締役に関する規定も、取締役を指揮・指示する者を取締役と同一に取り扱うという規定も存在しないので、どのような要件のもとにこれを認めるかについて問題がある、という指摘がなされている。[54]

第2は、「利益供与の禁止」に違反することになるという考え方がある。すなわち、親会社または親会社取締役が子会社取締役に対し指図をして、親会社または企業グループ内の他の会社の利益を図った場合には、子会社が、支配株主である親会社または親会社が指示する他の会社に対し、親会社が、子会社総会での子会社取締役の選任権・解任権の行使に関して、財産上の利益を供与したものになるとするものである⁵⁵⁾。

　この第2説（利益供与説）に対しては、企業集団内の企業間取引については、それがもっぱら、株主権の行使に関連してなされるなどの事情がない限り、利益供与の禁止には違反しないという主張がなされている⁵⁶⁾。

　第3は、会社法上会社は、その取締役に対し、善良な管理者としての注意を払い、また忠実義務に反しないように、職務を遂行するよう請求できる債権をもっており、このことは子会社の場合にも同様にあてはまる。そこで親会社の取締役が、その影響力を行使して、子会社取締役に対して、子会社に負っている善管注意義務や忠実義務に違反させたときには、子会社取締役は、子会社に対し「債務不履行責任」を負うことになる。ところがこのような場合は同時に、親会社取締役も、子会社が子会社取締役に対しもっている前述の債権を侵害したことになり、これによって、親会社取締役の子会社に対する職務上の不法行為が成立し、さらに親会社自身の子会社に対する不法行為も成立する（民法44条等）というものである⁵⁷⁾。

　この第3説（不法行為説）は、現在最も多くの支持を受けている考え方であるが、この説に対しても、不法行為と認められるケースはやはり限定されるという指摘が可能となるであろう。

　このように、子会社株主等が、親会社もしくは親会社取締役に対して直接責任を追及できる法的根拠については様々な説が述べられているが、各々弱点を包含しているといわざるをえない。ついては子会社株主等の保護の観点から、明確な立法化を望む声が出ている。具体的には、子会社が、親会社との間の通例的でない取引により損害を被った場合、または、親会社が子会社に対して支配的影響力を行使するについて過失があり、親会社以外の者との取引その他の行為により損害を被った場合は、親会社および子会社に損害を与える行為を実

際に行った、あるいは指図をした取締役は、その損害について賠償責任を負う旨の規定を設け、この責任を追及する方法として、子会社の株主による代表訴訟提起権、子会社の債権者(第三者)による損害賠償請求権を認めることを検討すべきである、というものである[58]。

また、親会社による不利益指図を防止し、それがなされた場合に基づく損害に対する責任追及の制度が明文化されたとしても、その損害賠償請求権を実質的なものにするためには、会社の取引ないし支配的影響力の行使の実態が明らかにされる必要がある。ついては子会社の取締役に、親会社による支配的影響力行使の実態を明らかにする資料の作成を義務付け、これを子会社の監査役が監査し、その監査結果を監査報告書において公表するといったことも検討されてもよいのではないか、との意見が主張されている。さらには、その過程において必要な場合には、子会社の監査役に、親会社に対する調査権を認めることが望ましいという意見もある[59]。

これらの見解に対しては、本章では次のように考える。確かに、子会社保護の観点から、親会社や親会社取締役に対して責任追及ができる旨とその方法を立法化すること、および、それによって子会社に損害が発生した場合の子会社による損害賠償請求権を確保するために、子会社取締役や監査役に一定の権限を付与し、また義務を履行させることは当然検討していかなければならないことではある。

ところが実務上の観点からみた場合、たとえそのような子会社保護のための立法化がなされたとしても、実際に子会社および子会社取締役がそれを行使できるかということになると、甚だ困難といわざるをえない。

この問題は結局のところ、グループ全体としていかに健全性を確保していく制度を構築していくことができるか、ということに行き着くのではないかと考えられる。すなわち、親会社が、子会社に対して不当な影響力を行使させないような体制を、グループ全体としていかに構築すべきかという点が重要であると考える。

企業単体でみた場合、健全性を確保するためには、遵法・倫理重視の企業風土を醸成するとともに、企業情報を適切に開示していく体制を整備し、経営陣

の不当な利潤追求主義に歯止めをかけ、経営に対する牽制のしくみを設けることが重要である。

　この健全性の確保をグループ全体の視点でみた場合、グループを統括する親会社の監督機能を強化・活用し、同時に開示体制を整備していくという方向性を打ち出していくことが、子会社も含めた経営に対する牽制のしくみを強化し、子会社保護はもちろんのこと、グループ全体の健全性の確保に資すると考えられる。

　それでは、親会社の監督機能を強化・活用していくためには、どのような対応をとっていけばよいのであろうか。本章では、主に3つの方策があると考える。

　第1は、親会社において社外取締役を導入するほか、任意機関としての指名・報酬委員会を設置する等の措置を講じて、親会社そのものの経営に対する牽制のしくみを強化することによって、グループ全体の経営に対する牽制を強化し、親会社の子会社に対する指図の適正化を図っていくというものである。

　第2は、親会社の監査役会を強化・活用することにより、グループ全体の監査機能を強化するとともに、親会社による子会社に対する支配的影響力行使の実態を明らかにしていくというものである。具体的には、「グループ監査役会」等を設置し、親会社の監査役が中心となって会合を重ね、グループとしての監査方針・監査計画の策定と実施、あるいは情報の伝達・交換をさかんにし、現行経営陣が不当な利潤追求に陥らないよう、また親会社経営陣が子会社に対する不利益指図を行わないよう、グループとしての問題点を洗い出し、対策を立案・実施していくという活動を通じて、グループ全体の健全性の確保を図っていくというやり方である。もとより、社外取締役と監査役会双方を強化・活用していけば、より一層の効果が期待できるであろう。

　さらに第3として、グループ全体としての内部通報制度を設置・運用することにより、親子会社間の非通例的取引や親会社による子会社に対する不利益指図があった場合に、それを子会社から親会社の経営トップに伝達できるような体制を用意しておくというものである。近年、「グループホットライン」、「グループヘルプライン」といった名称で、各グループ単位での内部通報制度が導入さ

れ始めている。この制度が積極的に活用されるようになれば、親会社による専横の事前抑止・牽制、ひいてはグループ全体の自浄作用が促進され、グループ全体の健全性の強化に役立つことになる。

　ただし、この内部通報制度は設置されればそれだけで積極的に活用されるようになるわけではない。この制度の存在をすべての子会社も含めたグループ全体に紹介・PRするとともに、子会社を含めたグループの全従業員が、この制度を安心して活用できる体制を確保することが必要となる。具体的には、通報・相談に対して、迅速かつ的確な回答・報告が返ってくるような制度であること、そして通報者および通報内容が漏洩されない、すなわち秘密が厳守される制度であることが必要となる。この2つをみたすと思われる方法としては、たとえば会社と顧問契約を結んでいない外部の第三者機関としての弁護士を通報・相談窓口に据える、といったことが考えられる。なぜなら法対応の専門家である弁護士を窓口に据えることによって、迅速・的確な回答が期待できるからである。また、通報・相談窓口が法務部門等社内の部門ということになると、メールや電話では通報者・通報内容が特定されやすく、通報しようとしている従業員をどうしても躊躇させることになり、利用が制限されてしまう。その点、会社と顧問契約を結んでいない弁護士であれば、会社に対しても秘密を厳守し、公正な解決が一般的には期待できるからである。

　このように主に3つの方策を積極的に推進・展開することによって、グループ全体としての健全性の確保が図られ、子会社の不利益発生を事前に防止し、損害の回避に貢献するのではないかと考える。

5　子会社管理における親会社取締役の責任

1　問題の所在

　グループ経営の形態が多岐にわたり、広く普及するようになったことにともない、支配権を有する子会社管理に関する親会社取締役の責任が問題となっている。

　取締役は、株式会社に対して善管注意義務を負っており、その善管注意義務

に違反した場合には、任務懈怠として株式会社に対して損害賠償責任を負うことになる。また、取締役は、その職務を行うについて悪意・重過失があった場合には、これによって会社債権者等の第三者に生じた損害を賠償する責任を負う。

しかし会社法上の規整は、基本的には個々の株式会社ごとに定められており、親会社と別の法人格を有する子会社における業務執行は、1次的には、子会社取締役によってなされる。その関係で、親会社の取締役が子会社の管理のために支配力を行使することについてネガティブな評価をし、そこから子会社に対して権利行使をしなかったことについて、親会社に対する責任を認めることを否定的に解する考え方も少なくない[60]。

ところが一方において、子会社管理の失当は親会社に様々な損失を生じさせ、ひいては親会社株主の損失につながる可能性があり、親会社取締役としては、子会社管理に介入できないということはきわめて問題であるとの主張もなされている[61]。

そして子会社に不祥事等が発生した場合、親会社取締役がどのような関与をした場合に、子会社管理に関する責任を負うことになるのかということに関しては、企業集団がグループ経営を展開していくうえで避けては通れない検討課題である。

そこで本章においては、子会社管理に関する親会社取締役の責任について検討していきたい。

2 親会社取締役による子会社管理義務の肯否

まずは、そもそも親会社取締役にとって子会社管理は義務といえるのか、これに関し、わが国の学説・判例はどのように考えているのかを改めてみてみたい。

(1) **学説の考え方**　学説は、概ね親会社取締役は親会社の業務執行者の立場で、子会社管理として子会社に対して支配力を行使することについては、親会社取締役の任務に属するという立場をとっている[62]。これに対する反対説とその反論は以下のとおり展開されている。

反対説（親会社取締役の子会社管理義務を否定するもの）の論拠の第1としては、親会社は株主としての地位にあるが、会社法の一般原則として、株主がその有する株主権を行使するかどうかは自由なはずであり、この一般原則からみれば親会社が子会社に対して株主権を行使しないことも自由なはずであり、そこから、親会社の取締役が子会社管理のために株主権を行使しないことによる責任が生じるはずがないというものである[63]。

　この説に対しては、親会社の財産管理を任務とする取締役が、子会社に対して株主権を行使しないことによって、親会社に対して任務懈怠の責任を負う可能性が排除されるものではないという反論がなされている[64]。

　反対説の第2としては、子会社は独立の存在であって、親会社取締役は、子会社の経営に関して何ら義務を負っていないというものである[65]。この説に対しては、ここで問題としているのは、子会社に対して何らかの管理上の義務を負っているのかということではなく、親会社に対して、子会社管理に関する義務を負うということであるとの反論がなされている[66]。

　また最近では、親会社にとっての経済的価値という視点に着目し、親会社は子会社に対して経営管理義務を負っているとの主張がなされている。すなわち、「親会社にとっては子会社の株式も自らの資産であるところ、その資産を様々な態様で活用して、自社（親会社）の利益の増大を図ることは、機械設備・不動産その他自らが保有する、他の資産を活用することと同様に重要であるといえよう。したがって、自社の保有する、資産としての子会社株式を、その有する子会社への影響力まで含めて活用することによって、その価値を高め、あるいはその価値を保全することが、親会社取締役・執行役の義務として認められるべきものである」というものである[67]。

　以上のとおり、親会社取締役は子会社管理についてもその任務に属し、その任務を懈怠する場合には親会社に対して責任を負うということは、学説上、一般的に肯定されているものと考えられる[68]。

　しかしここで重要なことは、親会社とその子会社がどのような親子関係にあるのかということであろう。子会社が親会社の一事業部門と同じ位置づけといったように独立性のない場合には、親会社取締役が自社に対して負っている

義務と同様に、子会社管理は親会社取締役の任務に属するということになるであろう。その反面、子会社が親会社の支援を受けながらも、事業・経営に関する重要な意思決定やそれに基づく具体的業務執行を最終的には独自で行っていく、といったように子会社が一定程度の独立性を有する場合には、このような状況において、子会社管理が親会社取締役の任務に属すると一概に論じることはできないというケースも出てくるであろう。

(2) **判例の見解**　次に、子会社管理に関する親会社取締役の責任に関する判例の考え方をみてみたい。子会社の不祥事等に関する親会社取締役の責任を判示した裁判例は以下のとおりである（なお、子会社支援に関する裁判例については省略した）。

【野村證券事件[69]】

　同事件に関し、東京地裁は、「親会社と子会社（孫会社を含む）は別個独立の法人であって、親会社の取締役は、特段の事情のない限り、子会社の取締役の業務執行の結果、子会社に損害が生じ、さらに親会社に損害が生じた場合でも、直ちに任務懈怠の責任を負うわけではない。もっとも、親会社と子会社の特殊な資本関係に鑑み、親会社の取締役が子会社に指示するなど、実質的に子会社の意思決定を支配したと評価しうる場合であって、かつ、親会社の取締役の右指図が親会社に対する善管注意義務や法令に違反するような場合は、右特段の事情があるものとして、親会社に生じた損害について、親会社の取締役に損害賠償責任が肯定されると解される。」と判示している。

　すなわち、①実質的に子会社の意思決定を支配したと評価しうる場合であって、かつ、②親会社の取締役の指図が、親会社に対する善管注意義務や法令に違反するような場合には、親会社の取締役の責任が認められるとしながらも、本件においては取締役の責任は否定されている。

【りそなホールディングス事件[70]】

　経営判断の原則により、本件においては、取締役の責任は否定されている。

【三井鉱山事件[71]】

　旧商法210条（会社法156条）違反行為により生じた100％子会社の損害について、特段の事情のない限り、親会社に生じた損害として、本件においては、取締役の責任が肯定されている。

【三菱商事事件】[72]
　会社内部の法令遵守体制の構築義務違反があったとの原告の主張に対し、構築されるべき体制の具体的内容の主張立証がないこと等を理由に、本件においては、取締役の責任は否定されている。

　以上の裁判例において、親会社の取締役が子会社管理に関してどのような場合に責任を負うのか、ということについての基準を判示したものは野村證券事件だけである。りそなホールディングス事件においては経営判断、三井鉱山事件においては因果関係の認定（100％子会社であることを根拠とする）、三菱商事事件においては主張立証責任を根拠として、それぞれ結論を導いており、一般的基準は述べられていない。

　ついては、野村證券事件を検討するに、同判決は、親会社取締役が子会社管理を行っていくうえでその責任を負う基準としては、「親会社の取締役の『指図』が、親会社に対する善管注意義務や法令に違反すること」という要件を挙げている。すなわち、「指図をした」ということ、そして、その指図が善管注意義務違反も含めた「法令に違反している」ということ、この２つを要件としている。この判示によると、「法令に違反した指図を行う」という子会社の不祥事等に積極的に関与した場合にのみ親会社取締役は責任を負うということになる。

　このように、学説上は親会社取締役による子会社管理に関する義務が一般的には認められてはいるものの、そのケースを扱った裁判例は少なく、またその数少ない裁判例においても、親会社の取締役が子会社管理について責任を負うと判示したものや、その基準・要件を示した裁判例はきわめて限定されていると言わざるをえない。

(3)　学説・判例にみる親会社取締役の子会社管理義務を検討するうえでの留意点

なお、親会社取締役の子会社管理義務に関する検討を行うにあたっては、留意しなければならない点がある。

　それは、親会社取締役が子会社管理義務を負っていると解した場合、同義務は誰に対して向けられたものであるのか、ということである。すなわち、親会社取締役は、子会社取締役と同じ立場で、子会社に対して同義務を負っているのであろうか。もしそうだとすれば、子会社の業務執行者により違法な業務執

行がなされて、子会社自体もしくは子会社の債権者に損害が発生した場合において、親会社取締役は、子会社に対する監視義務違反という不作為により、子会社の株主・債権者に対して法的責任を負うということにもなってくる。

この点に関しては、現行会社法上、親会社には、子会社に対する経営指揮権も、それに基づく具体的な指図権も認められておらず、親会社取締役には、子会社に対する業務・財産調査に関する法的権限が与えられていない以上、親会社取締役に、子会社取締役と同様の子会社に対する義務と責任を認めることはやはり行き過ぎであろう。

その一方において、親会社取締役が親会社に対して善管注意義務を負い、同義務違反により、親会社自体もしくは親会社の債権者に損害を与えた場合に、親会社取締役が責任を負うことは当然のことである。たとえば子会社管理を目的とする純粋持株会社において子会社管理業務を怠ったといった場合には、当該純粋持株会社、すなわち親会社自体の業務執行に対する監視義務違反という不作為が認定されるケースということになる。また、野村證券事件にみられるような子会社への指図が実質的に子会社の意思決定を支配したと評価しうる場合で、当該指図が善管注意義務違反や法令に違反する場合、あるいは三井鉱山事件にみられるような、子会社に指示して親会社の大株主から親会社株式を不当な高値で買い取らせるような行為に関しては、子会社に対する指示行為等の作為が、親会社に対する善管注意義務や法令に違反するケースに分類されることになる。

このように考えた場合、親会社取締役による子会社管理義務は、親会社自身に対する善管注意義務の1つの現れと捉えることができる。すなわち、親会社取締役は、自己が所属する親会社自身に対して子会社管理義務を負っているということになるであろう。

(4) **立法化やグループ経営の形態の違いがもたらす影響**　前述のとおり、親会社取締役が子会社管理について責任を負うと判示したものや、その基準・要件を示した裁判例はきわめて限定されてはいるが、ここにきて、親会社取締役による子会社管理に関する義務と責任を検討するうえで、きわめて重要な法改正がなされている。

すなわち、2005 (平成17) 年に制定された新会社法において、大会社における内部統制システムの構築・運用義務が明文化され、その構築・運用すべき内部統制システムの範囲が企業集団にまで拡大されることとなった。この企業集団における内部統制システムの構築・運用義務が明文化されたことによって、子会社管理における親会社取締役の義務と責任にどのような影響を及ぼすことになるのであろうか。

　一方、会社法以外の法律である金融商品取引法においても、財務報告に関する内部統制の規定が法文化された。財務報告に関するものとはいえ、会社法上の内部統制と当然オーバーラップしている部分もある[73]。そうなると、金融商品取引法上の内部統制も親会社取締役の義務と責任に同様の影響を及ぼすことになるのであろうか。

　また、現在のグループ経営の形態は多岐にわたっている。このグループ経営の形態の違いによって、子会社管理における親会社取締役の義務と責任に差異が生じてくるのか否か、ということについても検討していかなければならないであろう。

　善管注意義務の水準に関しては、その業務を行うについての程度・内容には、会社の規模の大小、その目的とする業務の種類等によって差異があるとされている。たとえば、銀行の取締役は、その業務執行に関し、信用の維持、預金者等の保護、銀行業務の健全かつ適切な運営、国民経済の健全な発展に資することといった銀行の負う責務を果たすことが求められていることから、その職務を行うにあたっては、このような銀行の責務に反することのないように務めることがその職責上要請されており、他の一般の株式会社における取締役の負う注意義務よりも厳格な注意義務を負うとされている[74]。

　この判例の見解によると、子会社の管理・支配自体を事業目的としている純粋持株会社が親会社の場合には、それ以外の事業形態の会社が親会社の場合と比べて、当該取締役が子会社管理に関して負う義務と責任の範囲は拡大するのではないかとも考えられる。

　このように、立法化や、グループ経営の形態の違いが、子会社管理における親会社取締役の義務と責任にどのような影響を及ぼすことになるのであろう

か、という点を中心に検討していきたい。

3 「企業集団における内部統制システム構築・運用義務」の明文化が子会社管理に関する親会社取締役の責任に与える影響

⑴ 会社法上の企業集団における内部統制システムに関する規定の内容とその解釈

　会社法は、大会社たる株式会社においては、取締役および執行役の「職務の執行が法令及び定款に適合することを確保するための体制その他株式会社の業務の適正を確保するために必要なものとして法務省令で定める体制の整備」、いわゆる「内部統制システム」を構築・運用することを、取締役（会）が決定または決議することを義務付けている（会社法348条3項4号・362条4項6号および5項・416条1項1号ホ）。そして、その具体的内容の1つとして、「企業集団における業務の適正を確保するための体制」が定められている（会社法362条4項6号を受け会社法施行規則100条1項5号、同法348条3項4号を受け同施行規則98条1項5号、同法416条1項1号ホを受け同施行規則112条2項5号）[75]。

　旧商法下において、子会社の不祥事等に関する親会社取締役の責任について判示した野村證券事件判決[76]においては、前述のとおり、子会社管理に関し、親会社取締役が責任を負う場合の基準として、「指図」という作為を要件としており、企業集団における内部統制システムの構築・運用を「怠る」という不作為形態によって、責任を発生させることを想定していない。もし、同判示をもって、親会社取締役の責任が生じる一般的要件を定めたものと理解するのであれば、「企業集団における内部統制システムの構築・運用義務」の明文化は、親会社取締役の子会社管理上の責任を新設したことになるとも考えられる。

　なぜなら、内部統制システム構築・運用義務という作為義務が法定されたことによって、「それを構築・運用しなかった」という不作為によっても責任が発生する可能性が出てきたともいえるからである。

　すなわち、企業集団における内部統制システムを構築・運用しなかったという不作為が任務懈怠となるため、親会社取締役としては、子会社に対し、たとえ「法令違反による指図を行う」といったように、子会社の不祥事等に積極的に関与していなくても、子会社管理が失当であったとして、責任を追及される

リスクが高まってきたとも考えられる。

実際に、企業集団における内部統制システム構築・運用義務が明文化されたことによって、親会社取締役が子会社管理に関して責任を負う根拠が明確になったという主張もなされるようになってきている。具体的には、「会社法は、単体の企業に限定せずに、親会社及び子会社からなる企業集団について内部統制の構築を求めている点も、旧法における委員会等設置会社（現行法上は「委員会設置会社」）の規定には存在しなかった特色である。従前においても、子会社の不祥事に対して、親会社社長が引責辞任した事例はあるものの、今後においては、内部統制システムの構築・運用義務の観点から、子会社の不祥事に対して、親会社取締役としての任務懈怠責任が問われる可能性が高まったといえよう。すなわち、親子会社間で内部統制システムの構築・運用が求められることになったため、親会社取締役としての善管注意義務を負うことになり、仮に子会社において法令・定款違反による損害が発生し、リスク管理に対する重大な過失などが存在することになると、親会社取締役は、その任務懈怠を問われる法的根拠が明確になったものと考えられる。」といった主張がなされている[77]。

同様に、株主による責任追及の観点から、内部統制システムの対象範囲が企業集団にまで拡大されたことによって、親会社取締役に対する子会社管理に関する責任追及の法的根拠が明確に規定されることとなった、といった主張もなされている[78]。

また、立法担当官の解説によれば、会社法施行規則100条1項5号に定められた「企業集団における業務の適正を確保するための体制」は、かなり広い内容をもつようである[79]。具体的には、同施行規則100条1項5号の意義について、「親会社においては、①子会社の管理する情報へのアクセスや子会社に提供した情報の管理に関する事項、②子会社における業務の適正の確保のための議決権行使の方針、③子会社の役員・使用人等を兼任する役員・使用人による子会社との協力体制および子会社の監視体制に関する事項、④兼任者・派遣者等の子会社における業務執行の適正確保のための体制、⑤子会社に対する架空取引の指示など子会社に対する不当な圧力を防止するための体制、⑥子会社との共通ブランドの活用またはそれにともなうリスクに関する事項、⑦

親会社の監査役と子会社の監査役等との連携に関する事項等、について決定することが考えられる。」と述べられている。

これらの趣旨を考慮すれば、企業集団における内部統制システムの構築・運用義務の明文化は、子会社管理に関する親会社取締役に求められる義務と責任の範囲を拡張したとも解釈しうる。

なお、野村證券事件において、親会社取締役の責任が認められる要件として求められた親会社取締役の「指図」が不要になったか否かについては明らかではなく、この点についても今後の検討が必要である。

ところが、内部統制システムの構築・運用義務は、大和銀行事件以降[80]、わが国の裁判例および学説上、一般的に認められているものである。そして、企業が集団として活動しているその実態を考慮すれば、旧商法下において、企業集団における内部統制システムの構築・運用義務が否定されていたと解するのは必ずしも妥当ではないと考えられる。むしろ、企業集団における内部統制システム構築・運用義務の明文化は、従来から取締役に求められていた義務を確認し、明確化したものであるとも評価することができる[81]。

また、先述の親会社には子会社に対する「経営管理義務」があるとする見解[82]においては、旧商法および現行法の解釈としても、一般論として親会社の業務執行者（取締役・執行役）が親会社に対して負うべき、「子会社を監督する義務」は存在していると解することができ、企業集団における内部統制システム構築・運用義務が制定されたことによって、親会社による子会社に対する監督義務が認められるに至ったわけではないとの主張がなされている。具体的には、「親会社と子会社の関係は、親会社から見れば、保有する株式を通じて子会社の価値を把握しているという関係にあり、したがって、親会社が保有する子会社株式は親会社の資産であるという意味で、他の資産と変わるところはないことによる。保有する資産の減価を防ぐ義務は、親会社の業務執行者が親会社に対して負っている利益増大義務の消極的側面として認められるべきものといえよう。」というものである[83]。

そして、「親会社業務執行者には子会社経営管理義務が存在し、特に、親会社の担当役員には子会社を監督する義務が存在すると解する立場からは、会社

法施行規則第100条1項5号に掲げる子会社等の企業集団の業務の適正を確保する体制の整備に関して想定しうる内容は、すでに同項1号ないし4号によって定めるべき内容に含まれていると解することができると思われる。」といった主張もあわせてなされている。[84]

(2) 小 括　取締役が構築・運用すべき内部統制システムの対象範囲として、「企業集団における業務の適正を確保するための体制」が明確に定められたことにより、親会社取締役が子会社管理に関する義務と責任を負うその法的根拠は拡大したと考えるべきなのであろうか、あるいは、従来から存在するとされていた義務が明確化されただけなのであろうか。

この点に関しては、本章においては、取締役に課せられている監視義務との関係を考慮し、次のように考える。

まず取締役は、取締役会の構成メンバーとして、業務を担当する取締役による、あるいはその指揮および命令に服する会社の使用人による会社の業務執行が適法に行われていることを確保するように監視する義務、いわゆる監視義務を負っているということに関しては、わが国の判例上広く認められている。[85]

そして取締役が負うこの監視義務の範囲に関しては、取締役会に上程された事項には限定されないと考えられている。[86]ところが、そのことが取締役が負う監視義務の範囲を非常に不明確なものとしてしまっている。

また、各取締役は、会社のすべての情報を知りうるわけではない。他の取締役や従業員によって行われる会社の業務のすべてを知ることは不可能である。取締役は、自己が担当している会社の業務についてはよくわかっていても、他の取締役の行う業務の内容については知らないことが多い。また会社の規模が大きくなればなるほど、会社の業務は事業部門ごとに細分化され、取締役の職務内容も高度に専門化される。その場合、取締役は自己の担当業務以外のことについて、その良し悪しは評価判断できないのが通常である。[87]

ところがその一方において、取締役が負う監視義務の範囲を取締役会上程事項に限定したり、あるいは会社の違法、不適正な業務執行を知り、または知りうる特段の事情がないときには、取締役は何らの措置を講じなくても監視義務違反による責任を負うものではないと解する場合には、取締役会の監督機能は

実際上は大きな効果を発揮しえなくなってしまうであろう[88]。

　そこで、監視義務の範囲が不明確であり、また取締役が会社内の具体的な業務執行を個別的に監視することは不可能であるといったことから、取締役の任務懈怠責任を一定の範囲で免責すべきであるとする要請と、取締役会による監督機能を強化・維持していかなければならないとする要請、この2つの相反する要請を調整する観点より、従来から（新会社法制定以前から）以下のような見解がとられてきている。

　すなわち、「取締役は、会社の具体的な業務執行をみずから個別的に監視することは不可能であったとしても、会社の業務執行が適正に行われることを一般的に確保するための体制が会社内に設けられているか否か、それが十分に機能する状況にあるか否かを監視することは可能であり、このような体制が機能しており、その下で業務執行が違法・不適正なものとなることを疑うべき事情が認められないことに取締役が合理的に信頼する場合には、それによって取締役会の監督機能は、会社の業務執行の適正を確保するために大きな機能を発揮することができる。したがって取締役の監視義務は、会社の業務執行が適正に行われることを一般的に確保するための会社内の体制を問題とし、そのような体制が存在しているか否か、それが十分に機能しているか否かを中心に考察されるべきである」というものである[89]。

　この会社の業務執行が適正に行われることを一般的に確保するための会社内の「体制」こそが、会社法において定められた「内部統制システム」ということになるのであろう。この見解によると、内部統制システムの構築・運用義務とは、取締役の監視義務を補完するものとして機能していくということになると考えられる。

　もちろん、この取締役の監視義務と内部統制システム構築・運用義務の関係は、個別企業ごとに論じられてきたものであり、法人格がそれぞれ異なる企業集団において、親会社取締役が子会社管理を行うにあたり、この個別企業における取締役の監視義務と内部統制システム構築・運用義務の関係がそのまま適用されてもよいのであろうか、という点は検討されなければならないであろう。

　しかし、取締役が構築・運用すべき内部統制システムの対象が企業集団にま

で拡大されている以上、従来から検討されてきた個別企業における場合と同様に考えていくことについて特に問題はないものと思われる。

　また、親会社取締役には元々子会社経営管理義務があるとする見解[90]、すなわち、企業集団における内部統制システム構築・運用義務が明文化される以前から、親会社取締役には子会社を監督する義務があるとする見解においても、親会社取締役による子会社経営管理義務、あるいは子会社を監督する義務の一環として、子会社に対する監視義務が存在することが肯定される。そうなると、この見解においても、親会社取締役による子会社経営管理義務の一環としての子会社に対する監視義務と、企業集団における内部統制システム構築・運用義務の関係を、個別企業におけるものと同様の関係にあると類推することは十分に可能であろう。

　このように、法人格の異なる企業集団においても、個別企業における監視義務と内部統制システム構築・運用義務の関係が類推されるということを前提に検討を進めると、親会社の取締役は、企業集団における内部統制システムを有効に構築・運用していれば、すなわち、子会社における業務の適正を確保するための体制を構築し、それを有効に機能させていれば、たとえ違法・不適正な業務執行が子会社内において発生したとしても、そのような行為に関与していない親会社取締役は、企業集団における内部統制システム構築・運用義務違反はもちろんのこと、子会社に対する監視義務違反を問われ、責任を負わされることは原則としてないものと考えられる。

　すなわち、企業集団における内部統制システムを構築し、それが有効に運用されていれば、親会社取締役は、個別的な監視義務違反を問われて任務懈怠責任を負わされることは原則としてないものと考えられる。

　そうなると、企業集団における内部統制システムが有効に構築・運用されているにもかかわらず、法令違反や不正行為に関与していない取締役が責任を負わされるケースとしては、企業集団における内部統制システムが機能しているという前提のもとで、個別的な事案に応じて監視義務違反が検討され、それが認定された場合に限られるということになる。

　ところが、このような場合においては、法令違反や不正行為に関与していな

い親会社取締役が監視義務違反を認定されるケースは、きわめて限定されたものとなるであろう。具体的には、完全親子会社関係において、子会社が親会社の一事業部門とみなされる関係にあるような場合に、法令違反や不正行為を行った取締役や使用人が属する当該子会社を業務上担当し、実際、密接に当該子会社の意思決定に関与している親会社取締役、当該法令違反や不正行為を行った子会社取締役や使用人と協議連携しながら日常の業務執行を行ってきた親会社取締役、その他、当該法令違反や不正行為を認識していた、あるいは、当然認識できたにもかかわらず、うっかり看過した親会社取締役等に限り、個別に監視義務違反による任務懈怠責任が負わされる可能性が出てくるということになるであろう。

　このように考えた場合、企業集団における内部統制システムを構築・運用していくことは、親会社取締役を子会社管理に関する不明確な監視義務から回避させ、その責任を明確化するとともに、その責任を限定することを可能にする唯一の対策と捉えることもできるであろう。[91]

　しかしその反面、企業集団における内部統制システムが構築されていない、あるいは構築されていてもそれが有効に機能していないといったような場合には、親会社取締役は、子会社において特定の不祥事が発生した場合、企業集団における内部統制システム構築・運用義務を尽くさなかったということにより、作為義務違反に基づき、任務懈怠責任を負う可能性が出てきたということになるであろう。別の言い方をすれば、従来は企業集団における内部統制システムを構築・運用していなくても許されてきた状況が、会社法における同義務の明文化によって、今後はそれが許されなくなってきたと考えることもできる。

　すなわち、企業集団における内部統制システム構築・運用義務が明文化され、構築・運用すべき内容が一定程度法定されたことによって、親会社取締役の子会社管理に関する責任は明確化・限定されることになる反面、企業集団における内部統制システムを構築・運用していない状況で、子会社に不祥事が発生した場合には、親会社取締役が責任を負わされるケースは拡大してくるのではないかと考えられる。

　以上が実態面における検討であるが、その一方において、内部統制システム

構築・運用義務の明文化は、訴訟法上は明らかに影響が出るものと考えられる。

三菱商事事件においては、取締役の善管注意義務違反を主張する者が、取締役が構築すべき内部統制システムの具体的内容を主張立証すべきであるとして、かかる主張立証がなされなかったことを理由に、同事件においては取締役の責任が否定された。

同事件に関し、東京地裁は、「Xらは、会社内部の法令遵守体制の構築義務の不履行を抽象的に指摘するのみであり、(中略)(1)法令遵守体制についての具体的不備、(2)本来構築されるべき体制の具体的な内容、(3)これを構築することによる本件結果（カルテルの関与）の回避可能性について何らの具体的主張を行わないから、そもそも主張自体失当であると評価し得るものである。」と判示している。

この判示は、野村證券事件において、子会社管理における親会社取締役が責任を負う基準として示された２つの要件、すなわち、①指図を行った、②その指図が法令違反である、ということに関しては、取締役の責任を追及する原告側が立証しなければならないということを意味している。ところが、企業集団における内部統制システム構築・運用義務が明文化されたことにより、取締役が構築すべきシステムの具体的内容が一定程度法定されたため、新会社法下においては、②の要件は立証が容易となってくるであろう。

このように、訴訟法上の視点、特に立証責任の観点からは、企業集団における内部統制システム構築・運用義務が明文化されたことによって、子会社管理における親会社取締役の責任は認められやすくなったと評価しうると考えられる。

4　金融商品取引法における「財務報告に関する内部統制」が親会社取締役の責任に与える影響

金融商品取引法（以下、「金商法」という）における内部統制関連規定は、大きく３つの内容を骨子としている。具体的には、(1)確認書制度の法定化（金商法24条の4の2）、(2)内部統制報告書の法定化（金商法24条の4の4）、(3)内部統制報告書の監査証明の法定化（金商法193条の2第2項）である。このうち、親会社

の取締役の責任に影響を及ぼしうるのは、(1)確認書制度と(2)内部統制報告書である。ついてはこの２つについて検討していきたい。

(1) **確認書制度** 確認書制度とは、「第二十四条第一項の規定による有価証券報告書を提出しなければならない会社（第二十三条の三第四項の規定により当該有価証券報告書を提出した会社を含む。次項において同じ。）のうち、第二十四条第一項第一号に掲げる有価証券の発行者である会社その他の政令で定めるものは、内閣府令で定めるところにより、当該有価証券報告書の記載内容が金融商品取引法令に基づき適正であることを確認した旨を記載した確認書（以下この条及び次条において「確認書」という。）を当該有価証券報告書（第二十四条第八項の規定により同項に規定する有価証券報告書等に代えて外国会社報告書を提出する場合にあっては、当該外国会社報告書）と併せて内閣総理大臣に提出しなければならない（金商法24条の４の２）」というものである。

取締役が遵守しなければならない法律は、会社法上定められているものに限られるわけではない。当然のことながら、他の法律で定められた義務も履行していかなければならない。

そして前述のとおり、親会社の取締役は連結対象会社の中味（＝子会社の決算内容）についても確認する義務が金融商品取引法上定められている。

取締役は、有価証券報告書の記載内容が金融商品取引法令に基づき適正であることを確認している以上、連結対象会社に関する有価証券報告書記載事項が不適正であることにより損害が生じた場合、取締役の注意義務違反は認定されやすくなるであろう。

すなわち、金融商品取引法における財務報告に関する内部統制規定が定められたことにより、少なくとも、親会社取締役が責任を負うケースとリスクは拡大したことになると考えられる。

(2) **内部統制報告書** 企業会計審議会および金融庁は、内部統制報告書に関し、各種基準またはＱ＆Ａを公表している[93]ので、以下、これについて検討していくこととする。

まず、内部統制報告書とは、「第二十四条第一項の規定による有価証券報告書を提出しなければならない会社（第二十三条の三第四項の規定により当該有価証

券報告書を提出した会社を含む。次項において同じ。）のうち、第二十四条第一項第一号に掲げる有価証券の発行者である会社その他の政令で定めるものは、事業年度ごとに、当該会社の属する企業集団及び当該会社に係る財務計算に関する書類その他の情報の適正性を確保するために必要なものとして内閣府令で定める体制について、内閣府令で定めるところにより評価した報告書（以下「内部統制報告書」という。）を有価証券報告書（同条第八項の規定により同項に規定する有価証券報告書等に代えて外国会社報告書を提出する場合にあっては、当該外国会社報告書）と併せて内閣総理大臣に提出しなければならない。」というものである（金商法24条の4の4第1項）。

つまり内部統制報告書とは、財務に関する内部統制システムに関し、「評価した」報告書ということになる。[94]

そのため、各種基準またはＱ＆Ａでは、構築された内部統制システムの評価方法は示されてはいるものの、構築すべき内部統制システムの具体的内容に関しては、必ずしも示されてはいない。[95] 取締役の義務としては、単に内部統制システムを構築するにとどまらず、適切な運用を行い、これを評価する義務まで含まれると解しうるので、各種基準またはＱ＆Ａは、その評価方法を具体化したものとして影響を与えうるであろう。もっとも、影響を与えうるものであるとしても、次の点を明らかにしておく必要があると考える。

まず、各種基準又はＱ＆Ａで示された取締役の行為規範は法的義務といえるのであろうか、という点である。

内部統制報告書に関する各種基準やＱ＆Ａは詳細に定められており、これを法的義務と解した場合、たとえ因果関係等他の要件により、取締役の責任が否定されうるとしても、取締役の責任が一般的には過大になりすぎるおそれが出てくる。ついては、各種基準やＱ＆Ａで示された取締役の行為基準を法的義務と解することは、むしろ合理的ではないと考えられる。

次に、各種基準またはＱ＆Ａが、財務以外の内部統制システムに関しても妥当するのであろうか、という点である。

たとえば、内部統制報告書では、対象として売上3分の2以上の基準を定めているが、前述のように、会社法が定める内部統制の対象は広く、法令遵守の

観点からの内部統制構築の場面において、かかる売上基準は、必ずしも妥当するものとはいえないであろう。やはり、個別具体的な基準またはＱ＆Ａごとに判断されるべきものであると考えられる。

5　純粋持株会社における取締役の子会社管理に関する責任についての特殊性の有無

　純粋持株会社の定義、業務内容に関しては繰り返し述べてきたので、ここではその詳細は割愛するが、まずこの検討を行っていくうえでの前提としては、純粋持株会社と事業持株会社との間で、法律上、形式的に差異が生じるわけではないということである。

　純粋持株会社は、一般的に企業集団全体の管理機能を有するとされ、性質上、当該管理体制の構築が求められているが、事業持株会社であっても、「企業集団の業務の適正性を確保する体制」（会社法施行規則100条1項5号等）の整備が義務づけられている。そして、純粋持株会社の取締役に対し、事業持株会社の取締役よりも、高度の体制を構築する義務が法文上課されているわけでもない。

　ところが、純粋持株会社の業務は、前述のとおり、主として、あるいはもっぱら子会社の支配・管理、あるいはグループ全体の経営意思決定と監督にあるとされている。[96]その具体的な内容としては、経営と事業の分離（経営としては、グループ全体の事業部門の評価と監視、新規事業への投資・買収等を、事業としては、各事業部門の事業戦略等をそれぞれ行うことになる）、Ｍ＆Ａの促進、グループ全体の効率化（財務、経理、事務、ＩＴなどのグループ全体のインフラの集約）の推進等があげられる。

　すなわち、経営方針・財務・人事政策等の策定・実施が純粋持株会社の基本的機能とされている。そして、その一環として、純粋持株会社の取締役は、子会社の重要な業務執行に関する意思決定に深く関与することになる。

　そうなると、前述の野村證券事件判決[97]において、親会社取締役が責任を負う基準として「指図」という要件があげられたが、純粋持株会社の取締役の場合は指図どころか、まさに、子会社が行う具体的業務執行自体を決定することも出てくることになる。[98]

したがって、純粋持株会社がグループ全体の経営、財務、経理、人事等を統括している場合において、当該統括事項に関して子会社において不祥事が発生した場合、前述の野村證券事件の基準は認定されやすくなると考えられる。すなわち、子会社が行う本来の意思決定を純粋持株会社が行っている場合には、当該純粋持株会社の取締役が責任を負うケースは、他の事業形態の会社の取締役の場合と比べて、増大すると考えられる。

　ところが、子会社が実質的な事業活動を行うにあたり、子会社自身が業務執行に関する重要な意思決定を行う、あるいは純粋持株会社が一定の範囲で重要な意思決定を子会社に委ねるというケースも当然存在するであろう。

　また、事業持株会社の場合と比べ、純粋持株会社の傘下にある子会社のほうがむしろ独立性は高まるということも考えられる。なぜならば事業持株会社の場合、主要な事業活動は親会社である当該事業持株会社によって行われ、傘下にある子会社においてはその周辺的な事業が行われることになるのに対し、純粋持株会社の場合は、グループ全体の経営（営業）方針・財務・人事等の策定は当該純粋持株会社が行うことになるが、それに基づく実質的な事業活動に関しては、傘下にある各子会社が行うことになるからである。[99]

　一方、事業持株会社であっても、各子会社の独立採算性を維持しながらも、グループ全体に関わる経営方針等の策定および傘下子会社の管理が行われるため、親会社取締役による子会社の意思決定への関与は、純粋持株会社の場合に限られるわけではなく、事業持株会社の場合にも同様に認められることになる。[100]

　このように考えた場合、子会社の支配・管理を基本的機能とする純粋持株会社の取締役の場合は、他の事業形態の会社における取締役の場合と比べ、子会社管理に関して責任を負う範囲が一律的に増大するとは必ずしも言い切れないであろう。親会社取締役の子会社管理に関する責任を論じるにあたっては、親会社の事業形態の差異で形式的に判断するというよりは、子会社管理の形態の差異に応じて、個別にかつ実質的に判断していくことが重要であると考えられる。

　そして、親会社取締役の子会社管理に関する責任を検討するうえで常に念頭

におかなければならないことは、その形態が純粋持株会社であれ、事業持株会社であれ、現行法上、親会社の取締役には子会社に対する経営指揮権とそれに基づく具体的指図権が認められていないということである。親会社の取締役がどのような業務を執行した場合に、子会社管理に関する責任を負うことになるのかということに関しては、親会社取締役による子会社への経営指揮権の肯否と一体として考えていかなければならない問題であろう。

また、親会社取締役の子会社管理に関する責任は、親会社株主に与えられた株主権の形骸化の側面からも検討されなければならない。

子会社の支配・管理を基本的機能とする純粋持株会社の場合、主たる業務は傘下にある子会社に移され、純粋持株会社たる親会社の収益も各子会社に大部分依存するようになる。そこでは、親会社株主の関与すべき事柄が傘下にある子会社に移され、議決権の形骸化はより強くなると考えられている[101]。ところが繰り返しになるが、純粋持株会社以外の形態の会社であっても、親会社取締役が子会社の意思決定に深く関与するケースは多々存在している。ついてはこの問題も、純粋持株会社の場合に限られるわけではなく、すべての親会社取締役が対象となってくるであろう。

株主権の形骸化が進み、子会社の意思決定に関与する権限が親会社取締役に集中すればするほど、子会社管理を行っていくうえにおいて、親会社取締役が責任を負うケースとその範囲を増大させる必要があるのではないだろうか。

6　おわりに

本章においては、グループ経営促進にむけての現行会社法上の問題点と対応、そして子会社管理における親会社取締役の義務と責任を中心に検討を行ってきた。

ただし、あらゆる面からの問題提起を行うために課題を総論的に摘示した関係上、個別の論点に関する検討・提言は、今後より深化させていく必要がある。特に、「グループ経営の構造と課題」を法的に論じていくうえで、きわめて重要な法改正である親会社取締役に課せられた「企業集団における業務の適正を

確保するための体制」に関しては、次章において、「内部統制システムの法的性質」にまで遡って検討していきたい。

　また、円滑で健全なグループ経営を実現していくためには、子会社管理における親会社取締役の責任を検討するだけでは不十分であり、グループ全体としてのコンプライアンス体制についても検討していく必要がある。すなわち、「グループ全体としてのコンプライアンス体制のあるべき姿とその具体的方策」に関しても、第2章にて取り上げていきたい。

　それ以外にも、グループ経営において適正な経営を実現していくためには、親会社および子会社の取締役の「経営指揮とその責任」はどうあるべきか、また、そのための「監査役制度」のあるべき姿とはどのようなものなのか、さらには、グループ経営における取締役の責任追及のあり方と関連して「多重代表訴訟制度」に関しても、あわせて検討していきたい。

1) 酒巻俊雄「日本における会社法の最近の動向と課題」商事法務1576号19頁。
2) 長谷川俊明「持株会社が行うグループ企業の内部統制」ビジネス法務7巻第1号25頁、KPMG（監査・税務・アドヴァイザリーサービスを提供するプロフェッショナルファームのグローバルネットワーク）のホームページ「ビジネスキーワード・グループ経営」。
3) KPMG・前掲注2）ホームページ。
4) 永野芳宣『日本型グループ経営―グローバル経済に勝ち残る戦略』（ダイヤモンド社、2004年）75頁。
5) 三田真美「連結経営とは（ITレポート・キーワード3分間講座）」日経情報ストラテジー2003年3月号23頁以下。
6) 三田・前掲注5）。
7) 三田・前掲注5）。
8) 三田・前掲注5）。
9) 三田・前掲注5）。
10)「株式会社ミスミ」ホームページ。
11) 酒巻・前掲注1）19頁。
12) 前田重行「持株会社による子会社支配と持株会社の責任（その1）」法曹時報58巻3号2頁。
13) この定義は、「純粋持株会社の監査のあり方」（2004年9月日本監査役ケーススタディ委員会）によるもので、法定の定義ではない。
14) 畠田公明「純粋持株会社と株主代表訴訟」ジュリスト1140号16頁。
15) 前田・前掲注12）8頁。

16) 中村信男『グループ経営ハンドブック　親会社の立場からのグループ経営』（中央経済社、2001年）226頁。
17) 酒巻俊雄『グループ経営ハンドブック　グループ経営と親子会社規制』（中央経済社、2001年）152頁。
18) 前田・前掲注12) 14頁。
19) 前田・前掲注12) 16頁。
20) 畠田・前掲注14) 16頁。
21) 酒巻俊雄「純粋持株会社と会社法上の問題」ジュリスト1104号25頁。
22) 前田・前掲注12) 8頁。
23) 前田・前掲注12) 8 〜 9頁、江頭憲治郎「企業組織の一形態としての持株会社」資本市場研究会編『持株会社の法的諸問題─資本市場法制研究会報告』（資本市場研究会、1995年）16頁、森本滋「純粋持株会社と会社法」法曹時報47巻12号14頁。
24) 酒巻・前掲注21) 25頁。
25) 前田・前掲注12) 13頁。
26) 前田・前掲注12) 15頁。
27) 前田・前掲注12) 15頁。
28) 谷川久・上柳克郎・鴻常夫・竹内昭夫編集代表『新版　注釈会社法（6）』（有斐閣、1987年）459頁。
29) 酒巻・前掲注17) 154頁。
30) 原田晃治「株式交換等に係る平成11年改正商法の解説（中）」商事法務1537号18頁、同「親会社監査役による子会社調査権」商事法務1539号114頁（スクランブル）、日本監査役協会「連結財務諸表を中心とした企業情報開示と監査役監査」月刊監査役420号33頁。
31) 尾崎安央「親会社監査役による子会社調査」商事法務1567号7頁。
32) 永井和之「子会社の業務内容等の開示」ジュリスト1163号103頁。
33) 前田庸「商法等の一部を改正する法律案要綱（案）の解説（下）」商事法務1519号7頁、法務省民事局参事官室「親子会社法制に関する問題点」第三・3。
34) 尾崎・前掲注31) 9頁。
35) 永井・前掲注32) 99頁。
36) 永井・前掲注32) 99頁。
37) 永井・前掲注32) 99頁。
38) 永井・前掲注32) 99頁。
39) 中村・前掲注16) 227頁。また、1998年7月8日法務省民事局参事官室の公表した「親子会社法制等に関する問題点」は、親会社の株主が提起することのできる子会社に関する会社法上の訴えの1つとして、株主代表訴訟をあげている。そして、その後も多重代表訴訟制度の導入の是非に関しては、繰り返し検討・提言がなされ、2011年12月7日に法制審議会会社法制部会より公表された「会社法制の見直しに関する中間試案」においても、多重代表訴訟制度を一定の要件のもとに創設するという案と、現行法どおり創設しないという案が併記されるに至っている。

40) アメリカの二重（多重）代表訴訟を検討・紹介するものとして、春田博「アメリカにおける重層代表訴訟の展開」、酒巻俊雄ほか編『長濱洋一教授還暦記念　現代英米会社法の諸相』（成文堂、1996年）191頁、浜田道代「代位訴訟」証券研究94巻118頁、関俊彦「救済方法としての代表訴訟」証券研究71巻120頁。
41) Brown v. Tenney, 508 N.E.2d347,350 (Ill.App.I Dist.1987).
42) Brown v. Tenney, 532 N.E.2d230,234 (Ill.1988) (see Ryan v. Leavenworth, A.& N.W.R.Co.,21 Kan.365,402-04 (1879); Annotation,154 A.L.R.1295,1297 (1945). 親会社株主の多重代表訴訟提起権が確立したのは、50年ないし60年前であるといわれている。See Blumberg, supra note 8, §16.02,at 350.
43) 森本・前掲注23）20頁、黒沼悦郎「持株会社の法的諸問題（3）」月刊資本市場120号74頁、前田雅弘「持株会社」商事法務1466号28頁、通商産業省産業政策局編『企業組織の新潮流　急がれる持株会社規制の見直し』（通商産業調査会出版部、1995年）50頁。
44) 柴田和史「純粋持株会社を前提とした商法上の問題」月刊資本市場127号28頁。
45) 畠田・前掲注14）16頁。
46) 小林秀之「会社訴訟、株主代表訴訟及び内部統制における監査役の役割―監査役を軸としたコーポレートガバナンスの実践」月刊監査役553号59頁。
47) 原田晃治ほか「『親子会社法制等に関する問題点』に対する各界意見の分析」商事法務1506号16頁。「子会社に関する会社法上の訴え」に関し、たとえば日弁連は「子会社は親会社と経済的同一性が強いとは言え、法律上は別人格であるというのが基本的な考え方である」との視点から「範囲については個別の慎重な検討を要する」との意見を述べ、税理士会も株主代表訴訟につき消極的な意見を述べている。
48) 酒巻・前掲注17）153頁。
49) 栗山徳子『グループ経営ハンドブック　親子会社間の取締役の義務と責任』（中央経済社、2001年）201頁。
50) 酒巻・前掲注17）144頁。
51) 田中誠二『三全訂　会社法詳論　上巻』（勁草書房、1993年）662頁、696頁。
52) 青木英夫「コンツェルン指揮と責任」私法28号121頁。
53) 酒巻俊雄『取締役の責任と会社支配』（成文堂、1967年）44頁。
54) 大隅健一郎「親子会社と取締役の責任」商事法務1145号43頁、柴田和史「子会社管理における親会社の責任（上）」商事法務1464号6頁、蓮井良憲「親子会社」『新商法演習2』（有斐閣、1974年）240頁。
55) 栗山・前掲注49）205頁。
56) 河本一郎「従業員持株会への奨励金と利益供与」商事法務1088号8頁。
57) 大隅健一郎・今井宏『会社法論　中巻［第3版］』（有斐閣、1992年）519頁。
58) 江頭憲治郎『結合企業法の立法と解釈』（有斐閣、1995年）330頁以下。
59) 森本滋「親子会社法制をめぐる諸問題」商事法務1500号52頁。
60) 山下友信「持株会社システムにおける取締役の民事責任」『金融持株会社グループにおけるコーポレートガバナンス・金融法務研究会報告書（13）』（金融法務研究会、2006年）31頁。

61) 山下・前掲注60) 32頁。
62) 山下・前掲注60) 31～32頁。
63) 志谷匡史「親子会社と取締役の責任」小林秀之・近藤光男編『新版 株主代表訴訟大系』（弘文堂、2002年）126頁。
64) 山下・前掲注60) 31頁。
65) 柴田和史「子会社管理における親会社の責任（下）」旬刊商事法務1465号70頁。
66) 山下・前掲注60) 31頁。
67) 舩津浩司「『グループ経営』の義務と責任（三）―親会社株主保護の視点から」法学協会雑誌125巻4号806～807頁。なお、船津先生は同著の中で、親会社、子会社という用語は使用せず、より広い概念として「上位会社」、「下位会社」という用語を用いているが、本書では、「親会社」、「子会社」という表現で引用しており、以後も同様である。
68) 山下・前掲注60) 33頁。
69) 野村證券事件（東京地判2001年1月25日判例時報1760号144頁）。野村證券の米国における完全孫会社が、米国証券取引委員会規則によって維持すべきとされる自己資本金額を維持せず、また不正確な定期報告書をニューヨーク証券取引所に提出したとして、1990年8月8日に18万米ドルの課徴金を課され、さらに同様の違反行為について1995年10月25日、100万米ドルの課徴金を課され、それぞれ納付した。これに関し、当該完全孫会社の損失はそのまま野村證券の損失になるとして、野村證券の株主が、同社の取締役を相手どって、株主代表訴訟を提起した事案である。
70) りそなホールディングス事件（大阪地判2003年9月24日判例時報1848号134頁）。りそなホールディングスの取締役等が、同社の完全子会社である大和銀行・あさひ銀行の取締役等に対して、両行のニューヨーク支店における不祥事事件（①大和銀行ニューヨーク支店の行員が11年余の間、不正取引を行って同行に約11億ドルの損失を生じさせ、大和銀行は、この不正取引行為により約11億ドルの損害が発生したことを米国当局に隠蔽していたなどとして、米国において刑事訴追を受け、そのうち一部の訴因について有罪の答弁を行って3億4000万ドルを支払い、また、上記刑事事件に関して弁護士報酬1000万ドルを支払った案件。②あさひ銀行ニューヨーク支店の行員が、金庫室に保管していた現地金融当局の検査資料を無断で使用した等の疑いを指摘され、あさひ銀行が、1997年2月13日、同意命令により民事課徴金500万ドルを支払ったうえ、当該手続に関して弁護士報酬1億円を支払ったとする案件）および両行の日本債券信用銀行（以下、「日債銀」という）の増資引受け（③大和銀行が、1997年、日債銀の新株35億円分を引き受けた案件、④あさひ銀行が、1997年、日債銀の新株20億円分を引き受けた案件）に関して、その責任を追及する株主代表訴訟を速やかに提起すべき善管注意義務・忠実義務を負っていたのにこれを怠ったとして、りそなホールディングスの株主等が、同社の取締役等を相手どって、株主代表訴訟を提起した事案である。裁判所は、①大和銀行の取締役等の損害賠償債務は消滅している、②あさひ銀行の取締役等については、注意義務の存在およびこれに対する違反を基礎づける事実を認めることができない、③大和銀行による日債銀増資引受案件および④あさひ銀行による日債銀増資引受案件に関しては、「経営判断の原則」を前提としたうえで、「増資引受けの決定過程等を詳細に認定し、大和銀

行およびあさひ銀行の当時の取締役らが日債銀増資引受を決定した時点において、その判断の前提となった事実の認識に重要かつ不注意な誤りがあったとは認められず、また、その意思決定の過程、内容が企業経営者として特に不合理、不適切なものであったともいえないから、取締役として認められた裁量の範囲を逸脱するものではなく、したがって、当時の取締役らに善管注意義務違反および忠実義務違反となるべき任務懈怠を認めることはできない、したがって、被告（りそなホールディングスの取締役等）らが、大和銀行およびあさひ銀行の当時の取締役等に対する株主代表訴訟を提起するなどしなかったことについて、善管注意義務違反および忠実義務違反があるとは認められない」と判示した。すなわち、りそなホールディングスの完全子会社である大和銀行およびあさひ銀行の取締役等に、そもそも善管注意義務違反自体が認められないとして、りそなホールディングスの取締役等の責任を否定している。

71) 三井鉱山事件（最判1993年9月9日金法1372号22頁）。三井鉱山は、三井セメントの吸収合併に反対する大株主Aが自己保有の三井鉱山株式の高値買取要求をしてきたため、これをAの要求価格で三井鉱山の100％子会社である三井三池開発に買い取らせ、その後に三井三池開発から三井グループ各社に時価で売り渡すことにした。三井三池開発は、三井鉱山の指示に従い、Aから三井鉱山株式を代金82億1500万円で買い受け、三井グループ各社に代金合計46億6340万円で売り渡した。この100％子会社による親会社株式の取得は、違法な自己株式取得行為であり、当該違法行為によって三井鉱山に売買差損35億円余に相当する損害が生じたと主張して、三井鉱山株式を100％取得した株主が、当該行為を行った三井鉱山の取締役等を相手どって、株主代表訴訟を提起した事案である。裁判所は、「三井三池開発の資産は、本件株式の買入価格82億1500万円と売渡価格46億6340万円との差額に相当する35億5160万円が減少しているのであるから、他に特段の主張立証のない本件においては、三池開発の全株式を有する三井鉱山は同額に相当する資産の減少を来たし、これと同額の損害を受けたものというべきである。また、三井鉱山の受けた右損害と三池開発が本件株式を取得したこととの間に相当因果関係があることも明らかである。したがって、本件株式の取得により三井鉱山が35億5160万円の損害を受けたとする原審の判断は、結論において是認することができる。」として、三井鉱山の取締役の責任を肯定した。

72) 三菱商事事件（東京地判2004年5月20日判例時報1871号125頁）。三菱商事は、米国の子会社である黒鉛電極メーカー（UCAR）を教唆・幇助し黒鉛電極のカルテルを維持・形成させたとして米国連邦裁判所に起訴され、罰金1億3400万米ドルを支払った。また三菱商事は、本件カルテルの被害者から民事訴訟を提起され、その和解金4500万米ドルを支払った。そこで、三菱商事は支払いを余儀なくされた罰金、和解金および弁護士費用の合計額1億9900万米ドルの損害を被ったとして、三菱商事の株主が、同社の取締役等を相手どって、株主代表訴訟を提起した事案である。裁判所は、まず三菱商事による本件カルテルへの組織的関与を認めるに足りる証拠はないとしたうえで、本件カルテルに関与した同社の従業員（UCARに出向）に対する同社取締役等の監督責任に関しては、「本件カルテルの期間内に補助参加人（三菱商事）の取締役あるいは監査役に在任していた者およびその相続人を網羅的に被告として本件訴訟を提起し、各被告の業務分担や担

当部署をまったく無視して、専ら取締役あるいは監査役であったことのみを根拠として善管注意義務違反を主張しており、当裁判所が再三にわたり、被告らの善管注意義務違反の内容を、その根拠となる違法行為の予見可能性および回避可能性を具体的に特定して主張するよう釈明したにもかかわらず、これに応じようとしないことから、被告らの大多数およびその相続人らとの関係では、そもそも主張自体が失当であるというべきである。」として、主張立証責任の観点から、取締役の責任を否定した。

73) 澤口実「子会社管理における取締役の責任」ビジネス法務7巻1号（2007年）34頁。
74) 札幌地判2004年3月26日、判例タイムズ1158号196頁。
75) 「職務の執行が法令及び定款に適合することを確保するための体制その他株式会社の業務の適正を確保するために必要なものとして法務省令で定める体制」、すなわち、取締役および執行役が構築・運用しなければならない「内部統制システム」の具体的内容としては、会社法施行規則100条1項、98条1項および112条2項において、それぞれ①取締役・執行役の職務の執行に係る情報の保存および管理に関する体制、②損失の危険の管理に関する体制、③取締役・執行役の職務の執行が効率的に行われることを確保するための体制、④取締役・執行役および使用人の職務の執行が法令および定款に適合することを確保するための体制のほかに、⑤当該会社ならびにその親会社および子会社から成る企業集団における業務の適正を確保するための体制、いわゆる「企業集団における内部統制システム構築・運用義務」が定められている。
76) 前掲注69）。
77) 小林秀之『内部統制と取締役の責任』（学陽書房、2007年）15頁。
78) 高橋均『株主代表訴訟の理論と制度改正の課題』（同文舘出版、2008年）353頁。「親会社取締役としては、企業集団としての内部統制の整備・充実を図るとともに、子会社取締役に対して、法令遵守を徹底させることは、果たすべき大きな課題となった。親会社の株主から見れば、親会社取締役が、内部統制システムの下で子会社（取締役）を十分に監視・監督しているかについて、その責任追及を行う法的根拠が整備されたといえる。」また同氏は、「完全親子会社形態における完全子会社取締役の責任追及のあり方」旬刊商事法務1793号30～31頁において、以下のように述べている。「会社法においてはすべての大会社は、取締役の職務執行が法令・定款に適合するなど、会社の業務の適正を確保するための体制構築の基本方針を取締役（会）において決定することが義務付けられ、しかもその対象の範囲が、『当該株式会社並びにその親会社及び子会社から成る企業集団』に拡大された点から、親会社取締役の子会社に関連する責任追及の法的根拠が規定されたといえよう。このために、親会社（取締役）として、子会社を含めた内部統制システムの構築・運用が求められ、完全親子会社間においても、親会社の取締役は、企業集団における内部統制の観点から、その体制を構築した上で、適切な運用が行われているか監視義務を負うこととなった。したがって、完全子会社において、法令・定款違反、損害の発生、危機管理体制に関する明確な過失があると、親会社の取締役は任務懈怠と評価され、善管注意義務違反を問われる可能性が高まったものと考えられる。（中略）かかる体制整備の構築を懈怠し、運用上の故意・重過失を原因として、子会社の損害につながった場合には、親会社取締役として責任を追及される可能性が大きくなったといえ

よう。したがって、親会社取締役としては、企業集団としての内部統制システムの整備・充実を図るとともに、子会社取締役に対しての法令遵守を徹底させることは、果たすべき大きな課題となったものと考えるべきである。親会社の株主は、親会社取締役が、内部統制システムの下で子会社（取締役）を十分に監視・監督しているかについて、その責任追及を行う法的根拠が整備されたことから、親会社取締役は、完全子会社取締役に対して、違法行為を防止させるための牽制機能が十分に働く法的環境が整ったといえるのではないだろうか。」

79) 相澤哲ほか編著『論点解説新・会社法―千問の道標』（商事法務、2006年）338頁。

80) 裁判所において、「内部統制」という概念が初めて使われた事件（大阪地判2000年9月20日）。この事件は、取締役は内部統制システムをつくるべきだということを裁判所が初めて宣言した裁判として有名である。その後、当裁判所の考えは、ヤクルト事件（東京地判2004年12月16日）、ダスキン事件（大阪地判2005年2月9日）等に受け継がれている。

81) 長島・大野・常松法律事務所編『アドバンス新会社法［第2版］』（商事法務、2006年）402頁。「会社法が定める内部統制システムに関して注目すべき点があるとすれば、それは『企業集団における業務の適正を確保するための体制』という視点を提示した点（施行規則100条1項5号）であろう。しかし、それとて企業グループの中にある会社の業務が適正に行われていない場合にグループ内の他の会社に重大な不利益が生じるおそれがあるということに思い至れば格別目新しいものとはいえないはずである。検討する際には、親会社が子会社の業務の適正を確保するために子会社に対して常に十分なコントロールを及ぼせるか（特に上場子会社などの場合に問題になろう）、他方、親会社から子会社に不当な圧力があった場合に子会社の立場から親会社に対抗できる体制作りが現実にどこまで可能かといった難しい問題も生じうる。しかし、親会社であってもそれぞれ別の法人格を有する以上、1つの会社内での内部統制システムの構築に比べて自ずと限界があるのは当然であろう。」

82) 舩津・前掲注67)。

83) 舩津浩司「『グループ経営』の義務と責任（四）―親会社株主保護の視点から」法学協会雑誌125巻5号1083頁。

84) 舩津浩司「『グループ経営』の義務と責任（五）―親会社株主保護の視点から」法学協会雑誌125巻8号1838頁。

85) 取締役の監視義務に関しては、1973年5月22日の最高裁判決において明言されて以来、多数の判決によって広く承認されている。

86) 最判1973年5月22日民集27巻5号655頁。「株式会社の取締役会は会社の業務執行につき監査する地位にあるから、取締役会を構成する取締役は、会社に対し、取締役会に上程された事項についてだけ監視するにとどまらず、代表取締役の業務執行一般につき、これを監視し、必要があれば、取締役会を自ら招集し、あるいは招集することを求め、取締役会を通じて業務執行が適正に行われるようにする職務を有するものと解すべきである。」

87) 安部隆「会社法のもと企業内に確立すべき法令遵守システム」ザ・ローヤーズ3巻9

88) 神崎克郎「会社の法令遵守と取締役の責任」法曹時報34巻4号12頁。
89) 神崎・前掲注88)14頁。神崎先生は、東京地裁1979年7月25日の決定（金融商事判例581号31頁）が、会社の粉飾決算を原因とする損害について、それに直接に関与しなかった取締役に監視義務違反を理由とする会社に対する責任を認めるにあたって次のように述べたことは、このような考え方に基づくものだと主張している。「（会社の）経営が正式な取締役会も開かれることなく、（代表取締役の）独断で決せられ、決算書類の正確性と完全性が確保される合理的な体制が十分に機能していないことを充分承知しながら取締役に就任したものと考えられるのに（中略）代表取締役の業務執行について何らの監視監督の手腕を講ずることなく、業務の執行をまかせきりにして漫然その地位にとどまっていたというべきであるから、その責任を免れることはできない。」
90) 舩津・前掲注67)。
91) 安部・前掲注87)25頁。
92) 前掲注69)。
93) 具体的には、以下のようなものが公表されている。「財務報告に係る内部統制の評価及び監査の基準並びに財務報告に係る内部統制の評価及び監査に関する実施基準の設定について（以下、「財務報告に係る内部統制の評価及び監査の基準」に関しては「基準」、「財務報告に係る内部統制の評価及び監査に関する実施基準」に関しては「実施基準」という）」企業会計審議会（2007年2月15日）、「内部統制報告制度に関するＱ＆Ａ」金融庁（2007年10月2日）、「内部統制報告制度に関するＱ＆Ａ（追加Ｑ＆Ａ）」金融庁（2008年6月24日）。
94) 内部統制報告書の作成およびその記載事項としては、基準の「Ⅱ．財務報告に係る内部統制の評価及び報告」の「4．財務報告に係る内部統制の報告の(1)、(2)」において、以下のように定められている。「経営者は、財務報告に係る内部統制の有効性の評価に関する報告書を作成する。記載事項は、①整備及び運用に関する事項、②評価の範囲、評価時点及び評価手続き、③評価結果、④付記事項」。
95) 内部統制の整備の対象に関しては、基準の「Ⅱ．財務報告に係る内部統制の評価及び報告（以下、「基準Ⅱ」という）」における「3．財務報告に係る内部統制の評価の方法」の「(2)全社的な内部統制の評価」、および実施基準の「Ⅱ．財務報告に係る内部統制の評価及び報告（以下、「実施基準Ⅱ」という）」における「2．財務報告に係る内部統制の評価とその範囲」の「(2)評価の範囲の決定①重要な事業拠点の選定」に、以下のように定められている。

　1．内部統制の整備の対象
　　「経営者は、全社的な内部統制の整備及び運用状況、並びに、その状況が業務プロセスに係る内部統制に及ぼす影響の程度を評価する。」（基準Ⅱ3(2)）。「原則として、企業集団全体を対象とする。但し、歴史・習慣・組織構造等の観点から、子会社について親会社と差異のある取扱いをすることも可能。また、財務報告に対する影響の重要性が僅少である子会社は、評価対象としないことも認められる。」（追加Ｑ＆Ａ問31）「売上高等の指標を用いて、金額の高い拠点から合算し、全体の概ね3分の2程

度に達するまでの拠点を重要な拠点として選定する」（実施基準Ⅱ 2(2)①）評価方法に関しては、基準Ⅱおよび実施基準Ⅱの「3．財務報告に係る内部統制の評価の方法」において、以下のように定められている。
２．評価方法
「経営者は、組織の内外で発生するリスク等を十分に評価するとともに、財務報告全体に重要な影響を及ぼす事項を十分に検討する。たとえば、全社的な会計方針及び財務方針、組織の構築及び運用等に関する経営判断、経営レベルにおける意思決定のプロセス等がこれに該当する。」（基準Ⅱ 3(2)）。「評価対象となる内部統制全体を適切に理解及び分析した上で、必要に応じて関係者への質問や記録の検証などの手続きを実施する。」（実施基準Ⅱ 3(2)②）。「経営者は、全社的な内部統制の評価結果を踏まえ、評価対象となる内部統制の範囲内にある業務プロセスを分析した上で、財務内容の信頼性に重要な影響を及ぼす統制上の要点について内部統制の基本的要素が機能しているかを評価する。」（基準Ⅱ 3(3)）。「評価対象となる業務プロセスにおける取引の開始、承認、記録、処理、報告を含め、取引の流れを把握し、取引の発生から集計、記帳といった会計処理の過程を理解する。把握された業務プロセスの概要については、必要に応じ図や表を活用して整理・記録することが有用である。」（実施基準Ⅱ 3(3)①）。

96) 永井和之「子会社の業務内容等の開示」ジュリスト1163号99頁。
97) 前掲注69)。
98) 小林・前掲注77) 209〜211頁。
　１．純粋持株会社（HD）の場合
　HDは、主にグループ全体のコンプライアンス・リスク管理、子会社のモニタリング株主への対応およびグループ内の事業戦略の企画立案を行う。複数の業種を子会社にもつHDの場合等は、企業集団全体を管理するうえでの特有のリスクの有無を確認し、管理することになろう。企業集団内の内部統制システムを構築する場合、第1に、企業集団全体として、企業理念や価値観、企業経営の基本方針等が子会社も含め共有されることが必要である。（中略）また、HDは「経営管理」会社として子会社に対処していくことになるため、親会社と子会社間で「経営管理に関する契約書」を締結することとなろう。HDは株主としての立場があるものの、株主権の行使だけでは、子会社の管理が不十分であるからである。（中略）第2に組織面において、HDの各部署は、それ自体子会社も含めた企業集団全体の管理機能という意味あいをもっているため、新たに組織を設置する必要はない。ただし、企業集団全体に対しより網羅的に対応するため、企業集団の基本方針などの策定・見直し、企業集団全体のコンプライアンス体勢の監視や改善、企業集団のリスクの統括管理・徹底等を行う目的で、各種委員会の設置を行っているケースもある。これは「グループ・コンプライアンス委員会」や「グループ・リスク統括委員会」等の設置であり、それにより子会社各社との連結を強化しているのである。子会社から、重要な事項が随時HD（他のすべての親会社にもいえる）に報告される仕組の構築がポイントとなる。
　２．伝統的な親会社の場合
　企業集団全体として、企業理念や価値観、企業経営の基本方針等が共有されること

が必要なのは、「親会社がHDである場合」と同様である。伝統的な親会社の場合は、子会社が親会社の1部門的な位置づけである場合もあるため、第1に規定面の整備として、親会社において制定した規定に関し、子会社に対してもそれらと軸を一にすることが必要である。ただ、伝統的な親会社の100％子会社の場合、その影響力を考慮すると、当然に親会社の指示とおり対応することとなろう。第2に、組織・体制面においては、子会社を管理する組織の設置である。当該部門は、子会社に対し一元的にコンプライアンスやリスク管理体制の整備を指導・管理するミッション等をもっている。

99) 西尾幸夫「子会社運営に関する親会社株主の権限」ジュリスト1140号11頁。
100) 西尾・前掲注99) 11頁。
101) 西尾・前掲注99) 11頁。

第2章
グループ経営における内部統制システムの構築と運用

1 はじめに

　現在、企業経営はグループ経営の時代を迎えている[1]。グループ経営が大きく普及するようになった背景としては、経済のグローバル化等にともなう世界的規模での企業間競争の激化があげられる。各企業は競争に打ち勝っていくためには、企業単体としてではなく、複数の企業集団が連携して、つまりグループ全体として立ち向かっていかなければならないからである。

　この企業のニーズを後押しすべく、法制度面においても連結開示・連結納税等の整備が進み、連結子会社を含めた複数の企業集団を1つの経営単位として考える必要が出てきた[2]。これによって各企業は、より一層、企業集団における経営形態であるグループ経営という考え方を取り入れざるをえなくなってきた。このことがグループ経営の普及に拍車をかけることとなった。

　一方、企業の社会的責任、いわゆるCSR意識の高まり等により、社会の企業を見る眼は非常に厳しさを増してきており、以前には問題にならなかったことが今では大きく取り上げられるようになってきた。このような企業を取り巻く環境の変化のなかで、ブランドイメージを共有しているグループにおいて特定の企業に不祥事が発生した場合、グループ全体の信用を失墜させ、グループとしての企業価値が大きく損なわれることになる。このことは「雪印」や「日本ハム」のグループ会社における偽装表示事件に限らず、昨今の様々な企業不祥事の事例からも明らかである。

　反面、親会社が子会社との間で不適切な取引を行う場合も起こりうる。たとえば、通常よりも高価または廉価な売買等がなされたり、架空の取引により親会社に架空利益が計上されたり、また子会社への押し込み販売等がなされたり

といった事案も多く見受けられた。実際、数年前に世情を騒がせたライブドア事件では、子会社を利用した架空利益の計上、子会社による他社買収を利用した子会社株式の高値売り抜け等がなされたとされている。

このような状況を背景として、2005(平成17)年に制定された新会社法においては、「取締役の職務の執行が法令及び定款に適合することを確保するための体制その他株式会社の業務の適正を確保するために必要なものとして法務省令で定める体制の整備」、いわゆる「内部統制システム」の構築・運用が義務化され、その具体的項目の1つとして、「当該株式会社並びにその親会社及び子会社から成る企業集団における業務の適正を確保するための体制」の構築・運用義務が明文化された。

本章ではまず、会社法上の内部統制システムとは何か、その意義と具体的内容、そして法的性質を確認したうえで、企業集団において有効な内部統制システム、特にその中でも、有効なコンプライアンス体制を構築・運用していくためにはどのような対応をとっていけばよいのか、ということに関して検討していきたい。

2　会社法に規定された内部統制システムの内容

1　新会社法の特徴と内部統制システムの位置づけ

新会社法が、「会社法施行規則」、「会社計算規則」、「電子公告規則」等の関連規則を含めて、2005(平成17)年に制定された。

新会社法の主な特徴は、経営の自由度アップのための規制緩和である。すなわち、ビジネスニーズに応えるために多様な選択肢が用意され、それによって各企業は自社の実体に合致した柔軟な対応をとることが可能となった。具体的には、機関設計や再編手法の多様化・柔軟化、株主総会手続の簡略化、取締役会書面決議の容認等である。

このような多様な選択肢のなかで、各企業は、どのような制度・どのような手続を選択し、それをどのように活用して自社の経営に取り入れていくことができるか、このことが各企業の企業価値を向上させ、経営戦略を有利に展開で

きるか否かの分岐点となる。

　ところが、規制緩和による経営の自由度アップは、企業の経営における選択肢を拡大するとともに、健全性を阻害し、それにともなう損害を拡大させるというリスクをも生じさせるおそれが出てくることになる。

　そこで新会社法においては、規制緩和による経営の自由度アップの補完機能として、ガバナンス強化のための各種規定を用意することとなった。具体的には、非公開会社における株主権の強化、取締役の解任要件の緩和等があげられる。ところがそのなかにおいても、ガバナンス強化における最も重要な規定は、「内部統制システムの構築・運用」である。

　各企業は、経営の自由度アップにともなう前述のリスク拡大に対して、自己責任で対応していかなければならない。その一方、ガバナンス強化のための対応によっては、企業間格差は大きく拡大することとなる。したがって、ガバナンス強化に向けた積極的取り組み、特に、有効な内部統制システムを構築・運用していくということが、あらゆる企業においてその企業価値を高めるうえで、きわめて重要となってくる。

2　新会社法上の内部統制システムの内容

　「内部統制」という用語は、インターナル・コントロール（Internal Control）を訳したものであり、「コーポレートガバナンスの仕組みの一環」と位置づけられている[3]。

　ところが、新会社法の法文上では、「内部統制」という用語は存在していない。新会社法においては、「取締役の職務の執行が法令及び定款に適合することを確保するための体制その他株式会社の業務の適正を確保するために必要なものとして法務省令で定める体制」の整備について定められている。そしてこの体制こそが「内部統制システム」と呼ばれているものである。

　会社法362条4項6号を受け、会社法施行規則100条1項、および会社法348条3項4号を受け、会社法施行規則98条1項において、取締役および取締役会が構築・運用しなければならない内部統制システムの内容として、以下の5項目が列挙されている。

①　取締役の職務の執行に係る情報の保存および管理に関する体制
②　損失の危険の管理に関する規程その他の体制
③　取締役の職務の執行が効率的に行われることを確保するための体制
④　使用人の職務の執行が法令および定款に適合することを確保するための体制
⑤　当該株式会社ならびにその親会社および子会社から成る企業集団における業務の適正を確保するための体制

　これらの項目を検討してみると、取締役等が構築・運用しなければならない内部統制システムとは、主に3つのポイントに区分されることになる。すなわち、コンプライアンス、リスク管理、効率性の向上である。

　この中で、コンプライアンスは、広い意味でのリスク管理に包含されると考えられる。なぜならば、リスクには様々なものがあり、そのなかには法令違反や倫理違反といったコンプライアンスリスクも含まれているからである。

　また、効率性の向上という項目は、一見、奇異な感じはあるが、そもそも会社の最大の目的は利潤追求であり、効率的経営をまったく無視してリスク対応をとっていくことができないということは、ある意味当然のことであろう。

　このように考えた場合、内部統制システムとは、「コンプライアンス体制の整備を含めた広い意味でのリスク管理体制」ということになる[4]。すなわち、コンプライアンス体制こそが、内部統制システムの中核として構築・運用しなければならない体制ということになる。そして、内部統制システムを構築し、運用していくということは、「企業規模や業種・業態、リスクの多様性等企業実体に応じたリスク管理体制を構築・運用していくこと」であると考えることができる。

　また、ここで注目されるのは、コンプライアンス体制を中核とした内部統制システムを構築・運用するその対象範囲が、単独企業だけではなく、企業集団にまで拡大されたということである。すなわち、親会社取締役は、自社である親会社だけではなく、その傘下にある各子会社においても、有効な内部統制システムを構築・運用しなければならないということが明文化されることとなった。

このような法改正に基づき、親会社取締役は、企業集団において、どのような内部統制システムを構築・運用していかなければならないのであろうか。

　本章では、まず、内部統制システムの法的性質等の検討を行ったうえで、次に、各企業集団が構築・運用していかなければならない内部統制システムの中核であるコンプライアンス体制の具体的内容について論じていきたい。

　また、監査役設置会社（監査役の監査の範囲を会計に関するものに限定する旨の定款の定めがある株式会社を含む）に関しては、取締役等が構築・運用しなければならない内部統制システムの内容として、前述の①～⑤の5つの体制に加え、次に掲げる4つ（⑥～⑨）の体制が含まれていなければならないとされている。

⑥　監査役がその職務を補助すべき使用人を置くことを求めた場合における当該使用人に関する事項
⑦　前号の使用人の取締役からの独立性に関する事項
⑧　取締役および使用人が監査役に報告をするための体制その他の監査役への報告に関する体制
⑨　その他監査役の監査が実効的に行われることを確保するための体制

　これらの体制は、取締役等が構築した内部統制システムに問題がないか、またそれが適切に運用されているか、といったことを監査役が監査を行うにあたって、すなわち、内部統制システムを実効的に監査するために整備されなければならないものとされている。このことは、有効な内部統制システムの構築・運用に向け、監査役の監査がいかに重要であるかということを示している。[5]

　については、企業集団における有効な内部統制システム、特に、有効なコンプライアンス体制の構築・運用に向け、監査役の果たすべき役割・監査内容に関しても、本章においてあわせて検討していきたい。

　なお、コンプライアンスという用語の意義については諸説様々あるが、ここでは、「法令遵守はもちろんのこと、社内のルール・規則、さらには基本マナー等社会のルールを守り、ステークホルダー（会社の利害関係人、具体的には、株主・従業員・会社債権者・地域住民等）の期待・要請に応えていくこと」[6]であるという考え方をとっていきたい。

3 会社法上の内部統制システムと他の内部統制概念との関係

1 COSOレポートとの関係[7]

 内部統制という概念は、2005 (平成17) 年に制定された会社法において初めて登場した概念ではない。もともとは米国において財務会計の視点から、財務報告の適正性の確保を目的とする活動として捉えられていた。それが1992年の「COSOレポート」の考え方が導入されて以来、米国だけではなく、また財務会計の視点だけではなく、業務の有効性や効率化を含めた経営環境全般にわたる広い概念として使われるようになってきている。[8]

 ここではまず、「COSOレポート」の内容と、それが日本にどのような影響を及ぼしたのかに関して、改めてみてみることとしたい。

 (1) COSOレポートの内容　1992年に米国のCOSOが公表したレポートの中に、COSOフレームワークと呼ばれる「内部統制の統合的枠組み」が定められている[9]。その内容としては、以下のとおりである[10]。

 まず、内部統制について3つの目的が掲げられている。具体的には、Ⅰ．業務の有効性と効率性 (事業活動)、Ⅱ．財務報告の信頼性 (財務報告)、Ⅲ．関連法規遵守の範疇 (コンプライアンス) である。

 そして内部統制とは、「これら3つに分類された目的の達成に関して、合理的な保証を提供することを意図した事業体の取締役会、経営者およびその他の構成員によって遂行されるプロセス」と定義されている。プロセスという定義が用いられている以上、内部統制制度は、社内規程や組織をつくって終わりということではなく、その組織が運用されていくプロセスそのものということになる。

 次に、内部統制とはどのようなものから構成されているのかに関して、COSOフレームワークにおいては、5つの環境を掲げている。具体的には、Ⅰ．統制環境 (事業体に属する人々の誠実性、倫理的価値観、能力、経営者の哲学・行動様式等)、Ⅱ．リスクの評価 (目的の達成に関するリスクを識別・分析すること)、Ⅲ．統制活動 (経営者の命令が実行されているとの保証を与えるのに役立つための方針と手

続)、Ⅳ．情報とコミュニケーション（Ⅰ～Ⅲを可能にするための要素）、Ⅴ．監視活動（モニタリング）である。

　(2) **COSOフレームワークが日本に与えた影響**　COSOフレームワークは米国のみならず、わが国にも多大な影響を及ぼすこととなった。その背景にあるものは、やはりわが国においても企業不祥事の多発があげられる。すなわち、企業不祥事防止の観点より、わが国においてもCOSOフレームワークが導入されるに至ったのであるが、それを時系列にまとめると次のとおりとなる。

　まず前述の1998年のバーゼル銀行監査委員会による「銀行組織の内部における内部監査体制のフレームワーク」という文書の公表を受け、1999（平成11）年7月に、金融庁がいわゆる「金融庁検査マニュアル」、続いて2001（平成13）年4月に、「改訂金融検査マニュアル」を公表した。これによって、わが国においても「内部統制」という言葉が普通の日本語の表現として頻繁に耳にされるようになった。

　その後、監査基準「統制リスクの評価」において、財務諸表監査における内部統制の評価として、「内部統制フレームワーク」の概念を導入するに至った。このようにしてわが国においても、COSOフレームワークが導入されるに至っている。

　ところがこれらはあくまで任意の制度にすぎないため、わが国においても今後の企業不祥事を防止すべく、競争力をもった日本版SOX法を制定しようとの機運が盛り上がり、2006（平成18）年6月に、「金融商品取引法」が制定されるに至っている。この金融商品取引法においては、米国SOX法とほぼ同様の規定が盛り込まれている。すなわち、内部統制の基本的枠組みとして、COSOフレームワークが大幅に取り入れられるに至ったのである。[11]

　そして、2007（平成19）年2月に、金融庁企業会計審議会内部統制部会から公表されたガイドラインである「財務報告に係る内部統制の評価及び監査に関する実施基準」において、内部統制は次のように定義されている。「内部統制は、基本的に、業務の有効性及び効率性、財務報告の信頼性、事業活動にかかわる法令等の遵守並びに資産の保全の4つの目的が達成されているとの合理的な保証を得るために、業務に組み込まれ、組織内のすべての者によって遂行される

61

プロセスをいい、統制環境、リスクの評価と対応、統制活動、情報と伝達、モニタリング（監視活動）およびIT（情報技術）への対応の6つの基本的要素から構成される。」

これはまさにCOSOフレームワークを基調・踏襲したものとされており、COSOフレームワークが日本の財務会計の分野にいかに影響を与えたかということが理解できるとされている。

このようにCOSOフレームワークは、「財務報告の信頼性」を確保するための枠組みとして機能しており、この考え方は、後述する金融商品取引法の下敷きとなって、わが国の法制度として導入された。その一方において、前述のとおり、新会社法においても内部統制の概念が導入されるに至っている。

すなわち、わが国においては、会社法と金融商品取引法という2つの別個独立した法律において内部統制が定められることとなった。

2　金融商品取引法における内部統制との異同

会社法制定後、約1年遅れて証券取引法の改正として制定された金融商品取引法においても、内部統制の概念が明文化された。具体的に同法においては、「当該会社の属する企業集団及び当該会社に係る財務計算に関する書類その他の情報の適正性を確保するために必要なものとして内閣府令で定める体制について、内閣府令で定めるところにより評価した報告書」、すなわち、「内部統制報告書」を、有価証券報告書の提出とあわせて内閣総理大臣に提出することを義務づけている（同法24条の4の4）とともに、同報告書に対する公認会計士または監査法人による監査証明を義務づけている（同法193条の2第2項）。

金融商品取引法における内部統制概念は、会社法における内部統制システムと同様に、相次ぐ企業不祥事を背景として、それを防止していくという観点から登場したものである。

ただし、会社法においては、取締役による構築・運用義務として内部統制が定められているのに対し、金融商品取引法上の内部統制は、あくまで財務報告の信頼性の確保を目的として導入されたものである。財務報告の信頼性の確保が必要な理由としては、投資家に適正情報を提供するためである。すなわち、

金融商品取引法上の内部統制は、投資家保護、投資家からの信頼確保の観点から、開示しなければならない対象・手続が定められている[12]。

このようにみた場合、取締役の義務として捉えられている会社法上の内部統制のほうが、導入目的が財務報告の信頼性確保のみに限定されている金融商品取引法上の内部統制よりも、範囲において広汎なものであり、金融商品取引法上の内部統制の規定は、会社法上の内部統制を基礎にして定められたものであると考えることができる[13]。

すなわち、金融商品取引法上の「財務報告に係る内部統制」は、会社法上の「取締役の職務の執行が法令及び定款に適合することを確保するための体制その他株式会社の業務の適正を確保するために必要な体制の整備（会社法362条4項6号、348条3項4号）」という広義の内部統制システムの1つの重要な要素あるいは特則ということになる[14]。

ただし、基礎となる会社法上の内部統制と財務報告の信頼性確保に特化した金融商品取引法上の内部統制においては、対象会社、開示義務の対象、監査主体、罰則の有無等において、自ずと諸種の相違点が生じることとなった[15]。

3 旧商法時代においても存在していた内部統制システムの構築義務

会社法制定以前において、すなわち、旧商法時代においても、内部統制システム構築義務はすでに定められていた。具体的には、2002（平成14）年の商法改正において委員会設置会社（旧商法時代においては、「委員会等設置会社」という名称であった）の制度が創設され、これにともない、委員会設置会社における義務として、商法特例法において、内部統制システムを整備しなければならないことが明文化されていた（旧商法特例法21条の7第1項2号、旧商法施行規則193条）。

もっともこれらの規定は、内部統制システムの構築・運用義務を、取締役会および取締役の直接的な義務として定めていたものではなく、監査委員による監査の職務遂行のための必要な事項として定められていた。すなわち、監査委員が実効的な監査を行うためには、内部統制システムが整備されていることが必要であると理解されていた[16]。

その理由としては、監査委員は委員会設置会社の機関であるが、監査委員も委員会設置会社も、もともとは監査役制度をもたない米国型の機関構造を模倣したものであり、このような米国型の機関構造と機能からすれば、内部統制システムの構築は、まさにそれを支えるシステムとして要請され、発達してきたものであるからであろう。[17]

　このようにみた場合、旧商法時代における内部統制システムは、監査委員が実効的な監査を行っていくうえでの指標項目としての意義を有していたといえるであろう。

　ところがそうであるとすると、指標として監査される対象となる内部統制システムについて、業務執行機関がそれを構築していることが前提となる。それでは業務執行機関による内部統制システムの構築義務を定めた規定は、その当時の商法には存在したのであろうか。存在していないということになれば、監査委員が監査を行っていくうえでのチェック項目としての内部統制システムは、理想的な目標としての意味しかもたないということになる。

　したがって、監査委員が監査を行っていくうえでの指標項目としての意義を有していた内部統制システムに関し、旧商法時代の業務執行者が、それを構築する義務があったのか否かが問題となってくる。

4　旧商法時代におけるわが国の判例に登場した内部統制システム構築義務

　会社法制定以前におけるわが国の裁判例においても、内部統制システムという用語が用いられるようになっていた。具体的には、企業不祥事の発生にともなう当該企業の役員の責任を追及する株主代表訴訟事件において、「内部統制システム」という表現が、頻繁に用いられるようになっていた。まず初めに大和銀行事件[18]において用いられ、その後、神戸製鋼事件[19]、ヤクルト事件[20]、ダスキン事件[21]等における裁判所の判断のなかで、内部統制システムという表現が用いられるようになってきた。

　繰り返しになるが、旧商法時代においては、内部統制システムは監査委員が監査を行ううえでの指標項目としての意義を有していたが、その前提として、旧商法時代の業務執行者には内部統制システム構築義務が定められていたので

あろうか。その点を検討するうえで、上記の各判例の分析は欠かすことができない。ついてはここで上記の各判例を1つひとつみていくこととしたい。

(1)【判例1】大和銀行事件(大阪地判2000年9月20日)[22]　本件は、大和銀行ニューヨーク支店において、同行の行員が、無断で簿外の米国財務省証券の取引を実行し、11億ドルの損害を発生させ、その損失を隠蔽するために、同行および同行の顧客の保有証券を無断で売却し、結果として同行に11億ドルの損害を発生させた事件である。

これによって同行の被った11億ドルの損害を賠償するよう、同行の株主が、同行の代表取締役および違法行為を行った行員の上司であるニューヨーク支店長であった取締役らを相手どって、代表訴訟が提起された。

本件に関し、大阪地裁は旧商法時代における業務執行者に内部統制システム構築義務を認め、その内容として以下のように判示している。

「健全な会社経営を行うためには、目的とする事業の種類、性質等に応じて生じる各種のリスク、たとえば、信用リスク、市場リスク、流動性リスク、事務リスク、システムリスク等の状況を正確に把握し、適切に制御すること、すなわちリスク管理が欠かせず、会社が営む事業の規模、特性等に応じたリスク管理体制(いわゆる内部統制システム)を整備することを要する。そして、重要な業務執行については、取締役会が決定することを要するから(旧商法206条2項柱書)、会社経営の根幹にかかわるリスク管理体制の大綱については、取締役会で決定することを要し、業務執行を担当する代表取締役及び業務担当取締役は、大綱を踏まえ、担当する部門におけるリスク管理体制を決定するべき職務を負う。この意味において、取締役は、取締役会の構成員として、また、代表取締役又は業務担当取締役として、リスク管理体制を構築すべき義務を負い、さらに、代表取締役及び業務担当取締役がリスク管理体制を構築すべき義務を履行しているか否かを監視する義務を負うのであり、これもまた、取締役としての善管注意義務及び忠実義務の内容をなすものというべきである。監査役は、旧商法特例法22条1項の適用を受ける小会社を除き、業務監査の職責を担っているから、取締役がリスク管理体制の整備を行っているか否かを監査すべき職務を負うのであり、これもまた、監査役としての善管注意義務の内容をなす

ものというべきである。

　もっとも、整備すべきリスク管理体制の内容は、リスクが現実化して惹起する様々な事件事故の経験の蓄積とリスク管理に関する研究の進展により、充実していくものである。したがって、様々な金融不祥事を踏まえ、金融機関が、その業務の健全かつ適切な運営を確保するとの観点から、現時点で求められているリスク管理体制の水準をもって、本件の判断基準とすることは相当でないと言うべきである。また、どのような内容のリスク管理体制を整備すべきかは、経営判断の問題であり、会社経営の専門家である取締役に、広い裁量が与えられていることに留意しなければならない。

　争点1で問われているのは、主として、被告らのうち、大和銀行の代表取締役の地位にあった者及び取締役在任中にニューヨーク支店長の地位にあった者が、同支店における財務省証券取引及びカストデイ業務に内在する、価格変動リスク等の市場リスク及び事務リスクのうち、特に事務リスクを適切に管理する仕組み、すなわち、リスク管理体制を整備していたか否か、また、その余の被告らに、取締役又は監査役としての監視義務違反又は監査義務違反が認められるか否かである。

　ところで、取締役は、自ら法令を遵守するだけでは十分でなく、従業員が会社の業務を遂行する際に違法な行為に及ぶことを未然に防止し、会社全体として法令遵守経営を実現しなければならない。しかるに、事業規模が大きく、従業員も多数である会社においては、効率的な経営を行うため、組織を多数の部門、部署等に分化し、権限を部門、部署等の長、さらにはその部下へ委譲せざるを得ず、取締役が直接すべての従業員を指導・監督することは、不適当であるだけでなく、不可能である。そこで、取締役は、従業員が職務を遂行する際、違法な行為に及ぶことを未然に防止するための法令遵守体制を確立するべき義務があり、これもまた、取締役の善管注意義務及び忠実義務の内容をなすものと言うべきである。この意味において、事務リスクの管理体制の整備は、同時に法令遵守体制の整備を意味することになる。」

　本判決は、取締役は内部統制システムを構築すべきであるということを裁判所が初めて宣言した裁判として有名である。

大阪地裁の判示内容は、リスク管理体制をもって、内部統制システムと同義であるとしている。そして個別具体的な取締役の監視義務違反を任務懈怠とするのではなく、内部統制システムを構築していないこと自体を任務懈怠として評価している。

(2) 【判例2】神戸製鋼所事件（神戸地裁2002年4月5日和解所見[23]）　本件は、長年総会屋対策に携わってきた特定の取締役が、総会屋に利益供与等を行ったことにより会社に損害を発生させたとして、同社の株主がその当時の代表取締役等を相手どって、代表訴訟を提起したものである。

本件に関する和解所見では、内部統制システムとその構築義務に関し、次のような考え方が示された。

「神戸製鋼所のような大企業の場合、職務の分担が進んでいるため、他の取締役や従業員全員の動静を正確に把握することは事実上不可能であるから、取締役は、商法上固く禁じられている利益供与のごとき違法行為はもとより、大会社における厳格な企業会計規制をないがしろにする裏金捻出行為等が社内で行われないよう内部統制システムを構築すべき法律上の義務があるというべきである。

とりわけ、平成3年9月、経団連によって企業行動憲章が策定され、社会の秩序や安全に悪影響を与える団体の行動にかかわるなど、社会的常識に反する行為は断固として行われない旨が宣言され、企業の経営トップの責務として、諸法令の遵守と上記企業行動憲章の趣旨の社内徹底、社員教育制度の充実、社内チェック部門の設置及び社会的常識に反する企業行動の処分が定められたこと、また、平成7年2月、企業における総会屋に対する利益供与の事実が発覚して社会問題となり、上記経団連企業行動憲章が改訂され、上記に加えて、企業のトップが意識改革を行い、総会屋等の反社会的勢力、団体との関係を絶つという断固たる決意が必要であり、これについては担当部門任せでない、組織的対応を可能とする体制を確立する必要があり、従業員の行動についても「知らなかった」ですませることなく、管理者としての責任を果たす覚悟が必要であるとの趣旨の宣言が追加されたこと、（中略）等からも明らかなとおり、上記の内部統制システムを構築すべき義務は社会の強い要請に基づくものでもあ

る。

　一方、企業会計に関する規定は、会社においては、企業の関係者の利害を保護するための重要な規定であり、(中略)これに反する会計処理は許されるものではない。裏金捻出は、かかる企業会計に反することはもちろんのこと、さらに利益供与等の犯罪の原資になりやすいことからしても、これを特に厳しく防止する必要があり、内部統制システムの構築にあたってはこの点も十分に配慮すべきものである。

　そうであるとすれば、企業のトップとしての地位にありながら、内部統制システムの構築等を行わないで放置してきた代表取締役が、社内においてなされた違法行為について、これを知らなかったという弁明をするだけでその責任を免れることができるとするのは相当でないというべきである。

　この点につき、被告らは、神戸製鋼所においても一定の内部統制システムが構築されていた旨を主張する。しかし、総会屋に対する利益供与や裏金捻出が長期間にわたって継続され、相当数の取締役及び従業員がこれに関与してきたことからすると、それらシステムは十分に機能していなかったとものと言わざるを得ず、今後の証拠調べの結果によっては、利益供与及び裏金捻出に直接には関与しなかった取締役であったとしても、違法行為を防止する実効性ある内部統制システムの構築及びそれを通じての社内監視等を十分尽くしていなかったとして、関与取締役や関与従業員に対する監視義務違反が認められる可能性もあり得るのである。」

　本件の和解所見では、判例1の大和銀行事件判決の場合とは異なり、内部統制システムとはリスク管理体制であるという直接的な考え方は採用しておらず、内部統制システムの中核として、コンプライアンス体制を構築しなければならないとの考え方を打ち出している。

　また、全体をしばるものとして内部統制システム構築義務を、個々の取締役の義務として監視義務を、といったように、内部統制システム構築義務と監視義務を分けて考えている。この点も、判例1の大和銀行事件の判示内容とは異なるところである。

　すなわち、判例1においては、取締役の善管注意義務の具体的内容として、

リスク管理体制である内部統制システムの構築を要求しているのに対し、判例2においては、取締役の直接的な義務として内部統制システムの構築義務を認めているとともに、その構築された内部統制システムを通じての個別の監視義務を判示している。

ただし、取締役の任務として内部統制システム構築義務があり、それを怠ること自体が、任務懈怠を構成するという点に関しては、上記2つの事件における裁判所の共通した認識といえよう。

(3) 【判例3】ヤクルト事件（東京地判2004年12月16日）[24]　本件は、資金運用担当取締役が投機性の高いデリバティブ取引を行い、約533億円の損失を生じさせたことにつき、同社の株主が、当該担当取締役を含めた同社取締役全員および監査役を相手どって、代表訴訟を提起したものである。

本判決においては、投機性の高いデリバティブ取引を継続して実行した資金運用取締役の善管注意義務違反は認められた。ところが、それ以外の取締役に関しては、内部統制システムの構築が一定程度なされていることを理由として、取締役の任務懈怠が否定されている。

すなわち、特定の取締役が違法行為をした場合でも、リスク管理体制である内部統制システムが構築されている場合には、特段の事情がない限り、違法行為を行った取締役以外の取締役は、善管注意義務違反を問われない余地があることが示されている。判旨としては以下のとおりである。

まず、「取締役の善管注意義務及び忠実義務の内容として、適正に余裕資金等の資金運用を行ない、収益の増大に努める一方、会社の純資産（自己資本）や収益の状況等の会社の財産及び会社の本業の状況からみて、これに重大な影響を及ぼさないように配慮すべき注意義務を負っていると解される。したがって、会社の余裕資金の運用を任せられた取締役は、資金運用にともなうリスク（損失発生の危険性）を慎重に勘案し、当該資金運用の性質・内容（中略）、当該投資の規模（中略）を考慮し、それに見合った必要なリスク管理を行ない、その結果を踏まえつつ、必要があると認めたときには、投資の規模の縮小、内容の変更さらにはこれを中止するといった措置をとることによって、会社の財務内容等に著しい悪影響を及ぼすことがないように配慮しなければならず、これを

怠って会社に損失を与えた場合には、その損失について善管注意義務違反による賠償責任を負うと解するべきである。」と判示した。

　そして取締役がどのようなリスク管理体制を構築しなければならないかに関しては、「経営判断の原則」が妥当するとしたうえで、「上記判断について取締役の責任を問うためには、取締役の判断に許容された裁量の範囲を超えた善管注意義務違反があったか否か、すなわち、取締役が、意思決定が行われた状況下において、取締役に一般的に期待される水準に照らして、当該判断をする前提となった事実の認識の過程（情報収集とその分析、検討）に不注意な誤りがあり、合理性を欠くものであったか否か、そして、その事実認識に基づく判断の推論過程及び内容が明らかに不合理なものであったか否かが問われるべきであり、そのような観点からみて、本件デリバティブ取引に関する具体的なリスク管理体制の構築を怠っていたと認められる場合において、個々の取締役が違法な職務執行を行い会社が損害を被ったときは、他の取締役についても、監督・監視義務を内容とする善管注意義務違反を問われる余地があると解される。

　他方、会社において、このようなリスク管理体制が構築され、これに基づき個々の取締役の職務執行に対する監視が行われている限り、個々の取締役の職務執行が違法であることを疑わせる特段の事情が存在しない限り、他の取締役が、代表取締役や担当取締役の職務執行が適法であると信頼することには正当性が認められることから、仮に、個々の取締役が、違法な職務執行を行い、会社が損害を被った場合であっても、他の取締役について、監視義務を内容とする善管注意義務違反を問われることはないというべきである。

　なお、監査役は、「取締役の職務の執行を監査」すべき職責を負い、株式会社の監査等に関する商法の特例に関する法律22条1項が適用される場合を除き、取締役の職務執行の状況について監査すべき権限を有することから、上記リスク管理体制の構築及びこれに基づく監視の状況について監査すべき義務を負っていると解すべきである。」と判示している。

　本判決においては、判例1の大和銀行事件と同様に、内部統制システムをリスク管理体制と捉えている。

　一方、取締役の内部統制システム構築義務と監視義務の関係については、判

例2の神戸製鋼事件と同様の考え方を採用している。

すなわち、全体のしばりとなる内部統制システムを構築していなければ、個別の義務である監視義務も果たしていないという構成をとっており、任務懈怠による取締役の善管注意義務違反を認めている。

(4) **【判例4】ダスキン事件（大阪地判2004年12月22日）**[26] 本件は、ダスキンのミスタードーナツ事業部が、未承認の添加物を使った「大肉まん」を販売し、会社に損害を与えたことについて、同社の株主が、販売当時違法性を認識していた事業担当取締役およびそれ以外の取締役、監査役を相手どって代表訴訟を提起したものである。

本判決においても、判例3のヤクルト事件判決と同様に、業務執行者たる取締役に内部統制システム構築義務を認めたうえで、会社においては内部統制システムが構築されているとして、違法行為を行った取締役以外の取締役に関しては、任務懈怠は認定されなかった。[27]

そして本判決においては、取締役が構築しなければならない内部統制システムの基準が初めて示されるに至っている。具体的には以下のとおりである。

「ダスキンの本件販売当時におけるリスク管理体制のうち、違法行為を未然に防止するための法令遵守体制（具体的な取組みを含む）について検討するに、前記2(4)のとおり、ダスキンは、当時、担当取締役は経営上の重要な事項（販売していた食品に食品衛生法上使用が許されていない添加物が含まれていたことは、食品を販売する会社にとっては経営上きわめて重要な問題であるのは明らかである）を取締役会に報告するように定め、従業員に対しても、ミスや突発的な問題は速やかに報告するよう周知徹底しており、違法行為が発覚した場合の対応体制についても定めていた（「内部摘発」による違法行為の発覚も想定されている）。また、その上で、実際におこった食中毒に関する企業不祥事の事案を取り上げて注意を促すセミナーも開催していたものである。これらを総合してみると、ダスキンにおける違法行為を未然に防止するための法令遵守体制は、本件販売当時、整備されていなかったとまではいえないというべきである。

(3)これに対して、原告は、違法行為等があれば即座に「コンプライアンス部門」又は「品質管理機関」を通して取締役会に報告される体制を構築し、周知

徹底しておかなければならなかった旨主張する。

　しかしながら、株式会社であれば当然にかつ一律に「コンプライアンス部門」を設置しなければならないとか、食品を販売する会社であれば当然にかつ一律に、違法行為等の情報を収集し取締役会に報告する、食品の企画・製造・販売の部門から独立した機関としての「品質管理機関」を設置しなければならないとまではいうことができず、前判示のとおり、ダスキンにおける違法行為を未然に防止するための法令遵守体制は、本件販売当時、整備されていなかったとまではいえないから、原告の上記主張は採用することができない。」

　本判決においては、判例2の神戸製鋼所事件と同様、コンプライアンス体制を内部統制システムの中核として捉え、構築しなければならない内部統制システムとしては、包括的な法令遵守体制で構わないとしている。

　すなわち、内部統制システムの内容としては、「コンプライアンス体制」、「品質管理機関」といった個別具体的な体制までは要求しておらず、事件が発生した当時の状況を考えて、それなりの体制ができていればよいとしている。

　判例3のヤクルト事件判決においては、内部統制システムをリスク管理体制として、判例4のダスキン事件においては、内部統制システムの中核をコンプライアンス体制として、それぞれ捉えているという違いはあるものの、両判決は取締役に内部統制システム構築義務があることを認めたうえで、内部統制システムは構築されており、実際に違法行為を行った取締役以外の取締役に関しては、任務懈怠を認定しなかったという点で共通している。

　この2つの判決からは、内部統制システムが一定程度構築されていれば、違法行為や不適切な行為を行った取締役以外の取締役は、直ちに当然には任務懈怠とはならない、すなわち、内部統制システムの構築には免責的機能があるということが理解できる。

5　旧証券取引法時代における上場企業と内部統制システム構築義務

　2003（平成15）年3月31日の「企業内容等開示令」の改正により、上場企業においては、「事業等のリスク及びコーポレート・ガバナンスの状況に関する記載」を行うこととなった。すなわち、企業内容等開示令第3号様式の「有価証券報

告書」の第1部の第2「事業の状況」の4においては「事業等のリスク」が、そして第4「提出会社の状況」の6においては「コーポレート・ガバナンスの状況」が定められた。

「コーポレート・ガバナンスの状況」の開示内容は、会社の企業統治に関する事項、たとえば会社の機関の内容、内部統制システムの整備の状況、リスク管理体制の整備の状況等について具体的に記載することが求められていた[28]。

もちろん、これらの項目を記載することが義務づけられたからといって、内部統制システムの構築を直接的に義務づけるものではない。しかし、内部統制システムの整備の状況等に関する記載事項が存在する以上、事実上はその記載に相当する具体的なシステムを構築しなければならないということになるであろう。

すなわち、内部統制システムの構築が商法上義務づけられていた委員会設置会社に限らず、上場会社においては、それに先行して旧証券取引法時代において、内部統制システムの構築が事実上義務化されていたと評価することもできるのではないであろうか。

4 会社法上の内部統制システム構築・運用義務の法的性質

1 会社法上の内部統制システムと旧商法時代における内部統制システムの比較

繰り返しになるが、旧商法時代の内部統制システムは、委員会設置会社における監査委員が実効的な監査を行っていくうえでの指標項目としての意義を有しており、監査の対象である業務執行者の内部統制システム構築義務に関しては、明文化はされていなかった。ただし、判例においては、業務執行者に同義務が認められていたことは、前述の各裁判例が示しているとおりである。

それに対し、2005（平成17）年において制定された会社法においては、内部統制システムとは、「取締役の職務の執行が法令及び定款に適合することを確保するための体制その他株式会社の業務の適正を確保するために必要なものとして法務省令で定める体制」として定義されている。

すなわち、内部統制システムは、監査業務に関する体制とは明確に切り離され、コンプライアンス体制を中核とした取締役が職務執行上構築しなければならない体制として、また、取締役のもとで展開される会社の業務全般に関する適正確保のための体制として、位置づけられることとなった。

　内部統制システムが監査業務に関する体制と明確に切り離された理由としては、新会社法においては、株式会社の中に、有限会社型を取り込んだことによって、監査役を制度的に有しない機関設計が認められることとなったからであろう。すなわち、内部統制システムは、必ずしも監査業務との関連では設定することができなくなったからであろう。

2　内部統制システム構築・運用義務と善管注意義務との関係

　会社法上の内部統制システムの位置づけおよび他の内部統制概念との異同は以上のとおりであるが、会社法上取締役に課せられた内部統制システム構築・運用義務とは、どのような法的性質を有するものであろうか。

　会社法制定以前の旧商法時代の裁判例においては、前述のとおり、内部統制システム構築・運用義務は善管注意義務の一類型と捉えられており[29]、会社法上明文化された内部統制システム構築・運用義務も裁判例の考え方を受け継ぎ、善管注意義務の一部であると一般的には捉えられている[30]。

　ところが、そうなると旧商法時代と一体何が変わったのであろうか。何のために会社法において内部統制システム構築・運用義務が明文化されたのであろうか。

　内部統制システム構築・運用義務を善管注意義務との関係で検討していくうえにおいては、まずは、取締役が負っている善管注意義務について確認しておきたい。

　会社法330条によると、株式会社と役員との関係は、委任に関する規定に従うとされていることから、取締役は会社から委任を受けた受任者として、善良なる管理者の注意をもって職務を遂行する義務を負っていることになる。

　すなわち、取締役は、会社の業務執行を行うことを委任された者として、必要な識見・専門性を有することが期待されており、その期待されたところに従っ

て業務を遂行する義務を負うことになる[31]。

　ところが、この業務を行うについての注意義務の程度・内容には、会社の規模の大小、その目的とする業務の種類によって差異があるとされている。たとえば、銀行の取締役は、その業務執行に関し、信用の維持、預金者等の保護、銀行業務の健全かつ適切な運営、国民経済の健全な発展に資するといった銀行の負う責務を果たすことが求められていることから、その職務を行うにあたっては、このような銀行の責務に反することのないように務めることがその職責上要請されており、他の一般の株式会社における取締役の負う注意義務よりも厳格な注意義務を負うとされている[32]。

　また、上場会社と非上場会社の取締役、経営危機に瀕している会社とそうでない会社の取締役、さらには、同じ会社であっても業務執行取締役とそうでない会社の取締役との間では、取締役が負う注意義務の程度・内容は異なるとされ、これらの場合、上場会社の取締役、経営危機に瀕している会社の取締役、業務担当取締役のほうが、そうでない取締役と比べて、それぞれ高度な注意義務を負っていると考えることができるとされている[33]。

　そうなると、各会社の取締役は、会社の規模、種類、経営状態、業務内容等に応じて、何をどこまで行えば善管注意義務を尽くしたということになるのであろうか。

　この問いに関しては、取締役のもう1つの一般的義務として会社法上定められており、善管注意義務と同質とされている忠実義務の条文の中に、その答えを見つけ出すことが可能であろう。

　会社法355条は、「取締役は法令及び定款並びに株主総会の決議を遵守し、株式会社のため忠実にその職務を行わなければならない」といったように、取締役の忠実義務について定めている。この忠実義務と善管注意義務の関係については、忠実義務の規定は、善管注意義務を敷衍し、かつ一層明確にしたにとどまるのであって、通常の委任関係にともなう善管注意義務とは別個の高度な義務を定めたものではない、とするのが判例の考え方である[34]。

　この判例の理解に従えば、善管注意義務は、「法令・定款等を遵守する」という作為義務として機能することになる。ところが、「法令・定款を遵守し

ければならない」というだけでは、きわめて抽象的であり、義務の範囲も不明確である。

　一方、前述のとおり、会社法362条４項６号を受け同施行規則100条１項、また会社法348条３項４号を受け同施行規則98条１項においては、取締役が構築・運用しなければならない内部統制システムの具体的内容として、「10項目」が定められている。これらの規定が定められたことによって、取締役が尽くさなければならない注意義務の内容・範囲は、かなり明確になったといえるであろう。

　もちろん、これら会社法および同施行規則の規定によって、取締役が構築・運用しなければならない内部統制システムの具体的内容やそのレベルが確定されるようになったわけではない。しかしこれらの規定に基づき、各会社において、自社で構築・運用すべき内部統制システムの具体的内容を取締役会で決議し、また、その内容を事業報告に記載し、定時株主総会の招集通知とともに株主に提供する、といった手続を経ることによって、各会社が、自社の企業規模や業種等に応じて、その実体に合致した内部統制システムを構築・運用していくことが可能となる。

　たとえば、会社法施行規則100条１項４号に基づき、「使用人の職務の執行が法令及び定款に適合することを確保するための体制」を構築すべく、コンプライアンスに関する「指針・方針」を定め、「内部通報制度」や「企業倫理委員会」といった組織を制定し、さらに従業員向けの各種啓蒙活動を推進していくといったことが可能となってくる。

　このように、会社法および同施行規則の規定に基づき、取締役は内部統制システムを構築・運用していけば、注意義務を尽くしたということになり、善管注意義務違反を問われるということは、原則として「ない」ということになるのであろう。

　その意味で、内部統制システムの十分な構築は、取締役の「免責の抗弁」となると解されている。すなわち、取締役に対する責任追及の過程で十分な注意義務を尽くしてシステムが構築され、現実に有効に機能していたにもかかわらず、会社に損害が発生したことが立証されれば、当該取締役は、無過失である

として任務懈怠による責任の負担を免れたり、あるいは、悪意かつ重大な過失がない場合には、責任の一部免除や責任限定契約の対象になるとされている。[35]

なお、内部統制システムは、会社法の明文上は大会社にのみその構築・運用が義務づけられてはいるが、中小会社の場合でも、会社経営にともなう不正や不祥事の発生を未然に防止し、また会社に損害が発生した場合でも、企業実体に応じた内部統制システムが十分な注意を払って構築されていたことが立証されれば、取締役は過失がなかったものとして責任を免れることになるので、整備の必要性があることに変わりはないであろう[36]。

ところがその一方において、会社法や同施行規則に規定された内部統制システムに関して、構築しなければならないとされている各項目が欠けている、すなわち、取締役が内部統制システムの構築を怠ったという場合には、当該取締役は注意義務を怠ったということになり、作為義務違反としての善管注意義務違反を問われることになると考えられる。

したがって、内部統制システムの構築・運用を怠った取締役はもちろんのこと、故意または過失によって、それを適法あるいは適正とする旨の記載をした監査役あるいは会計監査人も、会社に対して損害賠償責任を負うことになり、株主代表訴訟の対象となってくる。

すなわち、会社法362条4項6号および同施行規則100条1項、あるいは、会社法348条3項4号および同施行規則98条1項に定められた合計10項目の規定が、内部統制システムが構築されているか否かの評価基準となってくる。

旧商法時代は善管注意義務そのものがきわめて抽象的な義務であった。ところが会社法においては、前述のとおり、「10項目」に関する構築・運用義務が定められたことによって、少なくともその部分においては、取締役が尽くさなければならないとされている善管注意義務が明瞭化された、といえるのではないであろうか。

また旧商法時代、取締役に善管注意義務違反があったか否かは、各ケースにおいて個別に検討しなければならなかった。これでは善管注意義務の範囲も取締役が責任を負うケースも不明確であり、取締役の負担も大きなものとなる。ところが会社法および同施行規則においては、あわせて「10項目」の取締役が

構築・運用しなければならない具体的項目・体制が設けられたことによって、従来は個別に検討しなければならなかったものが、今後は、企業実体に応じて当該10項目の各体制を構築・運用させていくことができていれば、原則として善管注意義務違反とはならないということになってくるであろう。

　その一方で、取締役が構築・運用しなければならない内部統制システムとして、当該10項目の規定が明文化されたことによって、不祥事等により会社に損害が発生した場合、取締役が当該10項目のうちのいずれかの具体的項目・体制を構築・運用していなければ、当該取締役は注意義務を尽くさなかったということになり、取締役の責任が追及されやすくなってくるであろう。

　また、実際に株主代表訴訟になった場合、株主側からすれば、内部統制システムに不備があったからこそ会社に損害が発生したということを立証しやすくなるであろう。反面、取締役が免責されるためには、内部統制システムを構築・運用しなかったことにつき過失がなかった、やむをえなかったということを自ら立証しなければならなくなってくる。ところがこのことを取締役が立証することはきわめて困難であり、善管注意義務違反を問われた取締役が敗訴するケースは増大するのではないかと考えられる。

　このように、内部統制システム構築・運用義務は善管注意義務の一類型ではあるが、従来、抽象的な義務にすぎなかった善管注意義務が、内部統制システムの構築・運用が明文をもって義務化されたことによって、評価基準が定まり、適用範囲および取締役等の責任原因も明確になったと捉えることが可能になったと考えることができる。

3　内部統制システム構築・運用義務と監視・監督義務との関係

　内部統制システム構築・運用義務を善管注意義務の一類型と捉えた場合、次に検討しなければならないのは、取締役の職務としての監視・監督義務との関係である。

　取締役の監視・監督義務については、従来より、取締役会の構成員としての監視・監督義務と、業務執行者としての監視・監督義務が区別されて議論されてきている。[37] 取締役の業務執行者としての監視・監督義務は、職務または権限

を委譲した下位の業務執行取締役および従業員に対する場面で問題となる。つまり職務または権限を委譲した下位の業務執行取締役あるいは従業員等に違法行為が生じた場合に問題となる。

そして内部統制システム構築・運用義務は、ある内部統制システムの構築・運用が、当該業務執行を担当する取締役においては、業務執行上の義務違反としての問題として取り上げられ、当該業務に関与しない他の取締役においては、監視・監督義務違反の問題として取り上げられることになる。[38]

このうち、内部統制システムの構築・運用という業務執行に関与しない取締役が負う内部統制システム構築・運用義務に関しては、監視・監督義務の場合と同様の区別が可能であると考えられている。すなわち、取締役会の構成員として他の取締役を監視するという側面と、代表取締役そのほかの業務執行取締役が、自らの権限または業務を下位の取締役、従業員に委ねる場合、下位の者の行為を監視するという側面である。[39]

この見解を前提とした場合、業務執行としての内部統制システムの構築・運用ではなく、監視・監督義務の延長としての内部統制システム構築・運用義務と、監視・監督義務はどのような関係になるのであろうか。取締役会の構成員としてのものと、代表取締役等が下位の者に自己の権限や業務を委ねた場合のものに分けて検討していきたい。

(1) **取締役会構成員としての内部統制システム構築・運用義務と監視・監督義務との関係**　　この両者の関係については、すでに学説において指摘されているが、大規模会社の取締役会の構成員としての取締役の監視義務につき、具体的な違法行為について疑念をさしはさむべき特段の事情がない限り責任を負わないとされるのであれば、自らの所轄部門以外の業務について、監視義務違反の責任が問われる余地は実質的には存しないということになる。

そこで取締役会の構成員としての取締役の立場からすれば、内部統制システムは、取締役の監視義務を実質化する役割を果たすものであるとされている。すなわち、取締役は監視義務を果たすために、「平取締役は、通常の場合、代表取締役等の具体的な業務執行を自ら個別的に監視しておく必要はないし、疑わしい状況が存在しない限り、会社の業務及び財産の状況を常時積極的かつ詳

細に調査しておく必要もないが、会社の業務執行の状況を常時適切に把握しておくために、『監督のための手続又は方法』を確立し、かつその適切さを審査しておくことが要請される」とされている[40]。

ここで述べられている「監督のための手続又は方法」こそが、内部統制システムということになるのであろう。

(2) 業務執行上の監視・監督義務と内部統制システム構築・運用義務との関係

取締役の監視・監督義務は、取締役会の構成員としてだけではなく、取締役の業務執行上の義務として、職務または権限を委譲した下位の業務執行取締役および従業員に対する場面でも問題となる。

そしてこの場面では、「信頼の原則」が適用されるか否かという観点から問題となるとされている[41]。

信頼の原則とは、一般に、取締役が一定の行為をするにあたって、専門家の意見に従ったこと、あるいは、ほかの役員や従業員を信頼したことを主張する場合に、一定の範囲で義務違反とは評価しないという考え方である[42]。その前提となるのが、取締役が負うとされている監視・監督義務の範囲が広範で不明確であるということである。たとえば監視・監督しなければならない範囲が取締役会上程事項に限定されているのであれば、取締役会の構成員である取締役の監視・監督義務の範囲は明確である。

ところが前述のとおり、取締役の監視・監督義務の範囲を取締役会上程事項に限定するとなると、取締役会の経営監視機能は作動しなくなってしまう。そこで取締役の監視・監督義務の範囲は、取締役会上程事項に限定されないとするのが学説・判例の考え方である[43]。

その一方において、当然のことながら取締役は会社のすべての情報を知りうるわけではない。他の取締役によって行われる会社の業務のすべてを知ることは不可能である。取締役は自己が担当している業務についてはよくわかっていても、他の取締役の業務の内容については知らないことが多い。また、会社の規模が大きくなればなるほど、会社の業務は事業部門ごとに細分化され、取締役の職務内容も高度に専門化される。その場合、取締役は担当外の業務については、良いか悪いかについて評価判断できないのが通常であろう[44]。そこで信頼

の原則が適用されることになる。

　しかし単に信頼したというだけでは、業務執行上の義務として、下位の者の行為に対する監視義務違反を免れるというものではないであろう。やはり、⑴でも述べた「監督のための手続又は方法」、すなわち、実効的な内部統制システムが構築・運用されていることが前提となると考えられる。

　このことは大和銀行株主代表訴訟事件判決からも明らかである。すなわち、同判決においては、「大和銀行のような巨大な組織を有する大規模な企業においては、頭取あるいは副頭取が個々の業務についてつぶさに監督することは、効率的かつ合理的な経営という観点から適当でないのはもとより、可能でもない。財務省証券の保管残高の確認については、これを担当する検査部、ニューヨーク支店が設けられており、この両部門を担当する業務担当取締役がその責任において適切な業務執行を行うことを予定して組織が構成されており、頭取・副頭取は、各業務担当取締役にその担当業務の遂行を委ねることが許され、各業務担当取締役の業務執行の内容につき疑念を差し挟むべき特段の事情がない限り、監督義務懈怠の責を負うことはない」と判示されている。

　このように内部統制システムの構築・運用義務は、取締役の監視・監督義務を補完するものであると考えられる。

　すなわち、一定レベルの内部統制システムを構築させ、それを有効に機能させていれば、取締役は、内部統制システム構築・運用義務違反に問われることがないのはもちろんのこと、監視・監督義務違反も原則として問われないことになる。監視・監督義務違反が問われる場合とは、内部統制システムが構築・運用されているという前提のもとに、個別的な事案に応じて監視・監督義務違反があったか否かが検討されたうえで、それが認定された場合ということになるであろう。ところがこのような検討過程を経たうえで、監視・監督義務違反が認定されるケースとしては、きわめて限定された場合になるであろう。

4　内部統制システム構築・運用義務と経営判断原則との関係

　会社法上の内部統制システム構築・運用義務の法的性質に関して、もう1つ検討しなければならないことは、「経営判断の原則」との関係である。

経営判断の原則とは、取締役の業務執行が不確実な状況で迅速な決断を迫られる場合が多いこと等から、「行為当時の状況に照らして合理的な情報収集・調査・検討等が行われたか、および、その状況と取締役に要求される能力水準に照らし、不合理な判断がなされなかったか否かを基準になされるべきであり、事後的・結果論的な評価がなされてはならない」というように、取締役によってなされた意思決定の適否を評価するための原則である[46]。

　この経営判断の原則は、どのような場面で適用されることになるのであろうか。取締役が責任を負うケースとの関係でみていくこととしたい。

　取締役がどのような場合に、会社に対して任務懈怠による責任を負うのかということに関しては、様々な分類による検討が可能であるが、ここでは3つのケースに分けて検討していきたい[47]。

　① 具体的な法令違反があった場合

　取締役が会社に対して任務懈怠責任を負うケースとして、まずあげられるのは、当該取締役に、具体的な法令違反があった場合である。

　ここでいう具体的法令違反の「法令」とは、商法以外の法令もすべて含まれるとする非限定説の立場を最高裁はとっている[48]。取締役は、業務を遂行していくにあたり、具体的な法令を遵守することが当然の任務であり、その法令違反は直ちに「任務懈怠」を構成することとなる。

　この場合、過失の不存在として主張・立証されるべき事柄は、「法令違反の認識がなかったことについての過失」の不存在であり、法令違反行為が、経済的な意味において、会社にとって利益になったか否か、換言すれば、法律違反によって会社の利益を図ることができたか否かではないとされている[49]。

　② 内部規程等に違反した場合

　次に、取締役が会社に対して任務懈怠責任を負うケースとしては、当該取締役が、取締役会等において定められた内部規程等に違反した場合である。

　たとえば、業務執行取締役が業務執行にあたって、遵守すべきものとして取締役会等で決定された内部規程等に違反することは、取締役の「任務懈怠」を構成することになる。

　しかしながら、①の具体的法令違反の場合と異なり、当該行為が内部規程

等に違反していたとしても、内部規程等の性質その他の事情を総合的に勘案して、当該行為が会社の利益のために合理的に計算してなされたか否かを、過失の不存在の根拠として検討することが許されるとされている[50]。

③　一般的な注意義務違反が認定された場合

取締役が会社に対する任務懈怠責任を負う3つめのケースとしては、当該取締役に具体的な法令違反、あるいは取締役会等で定められた内部規程違反等は存在しないが、一般的な注意義務違反が認定された場合である。

このケースにおいては、取締役の行為が行われた具体的状況および事情に基づき、会社の利益に配慮して合理的な判断がなされたか否かについて、一般的な注意義務違反の有無の観点から決せられることになるとされている[51]。

この3つのケースのうち、「経営判断の原則」に基づき、取締役の責任の存否が決せられるのは、③のケースである。

会社法が制定される以前の旧商法時代の裁判例においては、どのような内部統制システムを構築し、それをどのように運用するかに関しては、取締役の経営判断の問題であると判示されていた。

すなわち、内部統制システム構築・運用義務違反の取締役は、前述の取締役が会社に対して責任を負う3つのケースのうちの③に該当し、当該取締役が「任務懈怠」を構成するか否かに関しては、「経営判断の原則」が適用されるとされていた。

たとえば、最初に、取締役の内部統制システム構築・運用義務を認めた大和銀行株主代表訴訟事件の判決[52]においては、「整備すべきリスク管理体制の内容は、リスクが現実化して惹起する様々な事件事故の経験の蓄積とリスク管理に関する研究の進展により充実していくものである。したがって、様々な金融不祥事を踏まえ、金融機関が、その業務の健全かつ適切な運営を確保するとの観点から、現時点で求められているリスク管理体制の水準をもって、本件の判断基準とすることは相当ではないというべきである。また、どのような内容のリスク管理体制を整備すべきかは経営判断の問題であり、会社経営の専門家である取締役には、広い裁量が与えられていることが留意されなければならない」と判示している。

同様の判断は、ヤクルト株主代表訴訟事件第一審判決および同控訴審判決ならびにダスキン株主代表訴訟事件控訴審判決においても展開されている。

ところがその後制定された新会社法においては、362条4項6号、同348条3項4号、そして会社法施行規則100条1項、3項によって内部統制システムに関する「決定義務」が、また同法435条2項、同施行規則118条2項においては「開示義務」が、それぞれ明文化されるに至っている。

ここで問題となるのは、これらの諸条項が、内部統制システムの構築・運用を義務づけるにあたっての「具体的法令」に該当するか否かである。これらの諸条項が内部統制システムの構築・運用を義務づけるための具体的法令に該当するとなると、当該諸条項に反した取締役は、前述の取締役が責任を負う3つのケースのうちの①、すなわち「具体的法令違反」により、直ちに「任務懈怠」が構成されることなる。つまり当該取締役に対しては、経営判断の原則は適用されないということになる。

一方、これらの諸条項が「具体的法令」に該当しないとなると、当該諸条項に反した取締役は、前述の取締役が責任を負うケースのうちの③に該当することとなり、「任務懈怠」があったか否かは、一般的な注意義務違反の観点から決せられることになる。したがって、当該諸条項違反の取締役の責任の存否に関しては、「経営判断の原則」が適用されることになる。

これらの諸条項のうち、たとえば会社法施行規則100条1項においては、取締役が構築・運用しなければならない内部統制システムの内容として9つの具体的項目が定められている。この当該「9項目」の規定が定められたことによって、内部統制システムが構築・運用されているか否かの評価基準が明確になったということができるであろう。

ところが、これら会社法施行規則の各条項および会社法の内部統制システムを規定した各条文については、会社が具備すべき内部統制システムの具体的内容やレベルを確定するための事柄に関しては一切言及していない。したがって、これら諸条項の規定が、取締役の法的責任としての内部統制システム構築・運用義務と直接的な関連を有しているとは理解することはできず、内部統制システム構築・運用義務の存否およびその内容は、取締役の一般的な注意義務の内

容として決定されることになると考えられている[53]。

 すなわち、取締役が任務懈怠により会社に責任を負うケースの③にあたり、内部統制システムの構築・運用義務違反をした取締役が責任を負うか否かに関しては、「経営判断の原則」が広く適用されることになる。

 ところが、どのような内部統制システムを構築・運用するのかということに関して、取締役に広汎な裁量が与えられることになると、何のために企業不祥事防止のためのガバナンス強化の一環として、取締役に対して内部統制システムの構築・運用が義務づけられたのか、結局、今までと同じなのではないか、という疑問が出てくることになる[54]。

 すなわち、内部統制システムの構築・運用に関し、「経営判断の原則」が広く適用されるということになると、もし何か重大なリスクが顕在化して会社に大きな損害が発生したとしても、内部統制システムの構築・運用に関し、取締役に義務違反が認められるというケースは、ほとんど生じないことにもなりかねない。誰がみても「これはひどい」という著しく不合理な、ごく例外的な場合にしか責任を問われることがなく、基本的にはどんなものをつくっても、内部統制システム構築・運用義務違反にはならない、といったことにもなりかねない[55]。

 ところが、金融商品取引法においても内部統制システムの構築・運用に関する規定が定められたが、同法24条の4の4においては、従来の「事業等のリスクおよびコーポレートガバナンスの状況に関する記載」に代わって、財務報告における内部統制の有効性を評価した「内部統制報告書」を作成、提出することが義務づけられている。そしてこの内部統制報告書は、原則として、公認会計士の監査証明（内部統制監査）を受けなければならないと定められている（同法193条の2第2項）。

 このように金融商品取引法においては、上場会社は、内部統制システムが構築され、それが有効に機能しているか否かということを、自ら評価・報告しなければならず、しかも監査をも受けなければならないことになっている。

 このような法制度に鑑みると、会社法において定められた内部統制システムの構築・運用は、「経営判断の原則」のもと、取締役が自由な裁量に基づいて

行えばそれで足りるという次元の問題ではないのではないかとも考えられる。

この点に関しては、本章では次のように考える。会社法および会社法施行規則における内部統制システムの構築・運用に関する規定は、確かにそのままでは、取締役の法的責任としての内部統制システム構築・運用義務と直接的な関連を有すると捉えることは困難であろう。ところがこれらの諸条項に基づき、各会社が取締役会において構築・運用すべき内部統制システムの具体的内容を定めた場合には、それを怠った取締役の責任の存否が、一般的な注意義務違反の有無の観点から決せられることにはならないであろう。

なぜならば、構築・運用すべき内部統制システムの具体的内容が取締役会において明確に定められたにもかかわらず、それを構築しない、あるいは有効に運用しないという場合には、前述の取締役が会社に対して任務懈怠により責任を負う3つのケースのうちの②の「取締役が内部規程等に反した場合」に該当することになると考えるからである。

すなわち、取締役会で決定された内部統制システムの構築・運用を怠ったことが、内部規程等に違反したことになり、そのことが、取締役の「任務懈怠」を構成するということになるであろう。この場合、具体的法令違反とは異なり、当該内部規程等の違反行為が、会社の利益のために合理的に計算してなされたか否かが、過失の不存在の根拠として検討されることは許されるが、少なくとも、経営判断の原則が適用されて取締役の責任が回避されることはないということになる。そして、内部統制システムの構築・運用を怠ったことが、会社の利益のために合理的に計算してなされたと認定されるケースも、おそらくはないのではなかろうか。

5 「企業集団における内部統制システム」に関する規定（会社法施行規則100条1項5号）の位置づけと役割

1 「企業集団における内部統制システム」に関する規定の法的性質

会社法施行規則100条1項5号（以下、「同規則5号」という）によって、親会社取締役に対して、「企業集団における内部統制システム」構築・運用義務が明

文化された。

　ところが前述のとおり、内部統制システムを規定した会社法および同施行規則の各条文においては、会社が具備すべき内部統制システムの具体的内容やレベルを確定するための事項に関しては、一切言及されていない。したがって、これら諸条項の規定が、取締役の法的責任としての内部統制システム構築・運用義務と直接的な関連を有しているとは理解することはできず、内部統制システム構築・運用義務の存否およびその内容は、取締役の一般的な注意義務の内容として決定されることになると考えられている[56]。

　このように考えると、これら内部統制システムに関する諸条項の1つである「当該株式会社並びにその親会社及び子会社から成る企業集団における業務の適正を確保するための体制」と明文化された同規則5号の規定も、親会社取締役の法的責任としての内部統制システム構築・運用義務と直接的な関連を有しているとは理解できないということになる。

　この考え方を前提としたうえで、同規則5号の規定が、内部統制システムに関する他の諸条項とどのような関連を有しているのか、また、同規則5号の規定が、親会社取締役の法的責任としての内部統制システム構築・運用義務と直接的な関連は有していないとしても、当該規定が親会社取締役の責任にどのような影響を及ぼすのかに関して、本章既述の善管注意義務、監視・監督義務、経営判断原則との関係を踏まえて検討していきたい[57]。

2　会社法施行規則に定められた内部統制システムに関する諸条項のなかでの「企業集団における内部統制システム」規定の位置づけと役割

　内部統制システムの構築・運用に関して定められた会社法施行規則100条1項において、「企業集団における内部統制システム」に関する同規則5号が他の各条項とどのような関連を有しているのか、ということに関しては、大きく分けて次のような2つの考え方が述べられている。

　まずは、同規則5号の規定は、他の各条項と並列的で独立した内容をもつものであるという考え方である。この考え方は、立法担当官の解説に論拠している。具体的には、同規則5号の意義について、「親会社においては、①子会社

の管理する情報へのアクセスや子会社に提供した情報の管理に関する事項、②子会社における業務の適正の確保のための議決権の行使、③子会社の役員・使用人等を兼任する役員・使用人による子会社との協力体制および子会社の監視体制に関する事項、④兼任者・派遣者等の子会社における業務執行の適正確保のための体制、⑤子会社に対する架空取引の指示など子会社に対する不当な圧力を防止するための体制、⑥子会社との共通ブランドの活用またはそれにともなうリスクに関する事項、⑦親会社の監査役と子会社の監査役等との連携に関する事項等、について決定することが考えられる。」と述べられている。[58]

それに対して、同規則5号に掲げる「子会社等の企業集団の業務の適正」を確保する体制の整備に関して想定しうる内容は、すでに会社法施行規則100条1項における1号ないし4号（取締役等の職務の執行に係る情報の保存および管理に関する体制、損失の危険の管理に関する規程その他の体制、取締役等の職務の執行が効率的に行われることを確保するための体制、取締役等や使用人の職務の執行が法令および定款に適合することを確保するための体制、以下、「1号ないし4号の体制」という）によって定めるべき内容に含まれていると解する考え方がある。[59]

ところが、この2つのいずれの考え方をとったとしても、同規則5号の規定は、「企業集団における内部統制システム」の構築・運用に関する評価基準としての役割を果たすことになると考えられる。

なぜならば、企業集団における親会社取締役は、前説の立法担当官の考え方に基づくと、立法担当官が示した前述の①ないし⑦の体制を、また後説の同規則5号の内容は他の1号ないし4号の体制の内容に含まれるとする考え方に基づくと、当該1号ないし4号の体制を、それぞれ構築・運用していけば、善管注意義務違反を構成し任務懈怠責任を負わされることは原則として「ない」ということになるからである。

また、親会社取締役は、これらの体制を有効に構築・運用していくことによって、自己に課せられている監視・監督義務が補完され、内部統制システム構築・運用義務違反はもちろんのこと、個別の監視・監督義務違反を問われることも、原則として「ない」ということになる。

そして、これらの体制を構築・運用すべきものとして親会社取締役会等において定めた場合においては、もはや「経営判断の原則」は適用されず、これらの体制の一部においてもそれを構築・運用していないといった場合においては、親会社取締役は、内部規程違反を構成し、原則として任務懈怠責任を負うことになるであろう。

このように考えた場合、同規則5号の規定は、親会社取締役の法的責任としての内部統制システム構築・運用義務と直接的な関連を有しているわけではないが、当該規定が明文化されたことによって、親会社取締役が子会社管理に関する善管注意義務を構成するか否かの1つの評価基準となり、それを構築・運用していない場合においては、任務懈怠責任を負うケースは増大することになるであろう。

6　企業集団における有効なコンプライアンス体制の構築・運用とは

1　問題の所在

内部統制システムの法的性質に関する検討は本章4および5で述べたとおりであるが、取締役に課せられたこの内部統制システム構築・運用義務の範囲は、企業集団にまで拡大されることとなった。円滑なグループ経営を推進していくうえで、親会社の取締役は、その企業集団における内部統制システム、すなわち、「コンプライアンス体制を中核としたリスク管理体制」をどのように構築・運用していくべきなのであろうか、その中でも特に、有効なコンプライアンス体制を構築していくためには、具体的にどのような活動を行っていく必要があるのか、本節においては、この点を中心に検討していきたい。

なお、コンプライアンスという用語の意義については、前述のとおり、「法令遵守はもちろんのこと、社内のルール・規則、さらには基本マナー等社会のルールを守り、ステークホルダー（会社の利害関係人、具体的には、株主・従業員・会社債権者・地域住民等）の期待・要請に応えていくこと」であるという考え方をとっていきたい[60]。

2　企業集団における有効なコンプライアンス体制を構築・運用していくうえでの最重要課題

　企業集団における有効なコンプライアンス体制を構築・運用していくうえで最も重要なことは何か。この課題を検討するにあたっては、まずは有効なコンプライアンス体制とはどのような状態を指すのか、いわゆる、「コンプライアンス体制のあるべき姿」を明確にしておかなければならない。企業集団におけるコンプライアンス体制のあるべき姿とは、本章においては次のように考える。

　すなわち、「グループのトップ、そしてグループ各社の経営トップからグループ各社の従業員1人ひとりに至るまで、すべてのグループ会社の構成員が、コンプライアンスの必要性と重要性を強く認識し、それに即した誠実な企業行動が実践されている状態である。」と考える。

　あるべき姿をこのように考えた場合、それを現出していくための最重要課題、すなわち、企業集団において有効なコンプライアンス体制を構築・運用していくための最重要課題としては、グループ全体において、いかに「コンプライアンス重視の風土をつくりあげていくことができるか」ということになるであろう。

3　企業集団におけるコンプライアンス重視の風土づくりのためには

　グループ全体においてコンプライアンス重視の風土をつくりあげていくためには、言うまでもなく、グループ各社の会社構成員1人ひとりのコンプライアンスに対する理解、すなわち、コンプライアンス重視の意識の醸成が必要となってくる。

　そのためには、まず企業集団および各社の経営トップの意識改革が不可欠である。なぜならば、経営トップの意識が企業風土、社風となって現出されるからである。従業員は常に上の意向に敏感に反応する。コンプライアンス体制構築に向けた取り組みとして、たとえば行動規範を制定したり、「独占禁止法遵守マニュアル」等各種の法令遵守マニュアルを作成し、それを従業員に配布するなどして、社内にはそれなりの「形」が存在していたとしても、その一方において、経営トップがやり方の如何を問わず業績をあげた者を評価し、その者

を出世させていくということであれば、従業員としてはやはり、「コンプライアンスよりも業績アップ」と思うのが自然の感情であろう[61]。会社の経営トップが本気であり、意識が変わったということを従業員に理解させなければ、有効なコンプライアンス体制の構築・運用は不可能である。

次に、会社の経営トップの意識が変わり、有効なコンプライアンス体制の構築・運用に向け、会社もしくはグループ全体として本気で取り組んでいるということを、従業員1人ひとりに理解させ、それを会社もしくはグループ全体に浸透させていくためにはどうしたらよいのであろうか。

コンプライアンス重視の指針・方針を打ち出したり、コンプライアンス委員会やリスク管理委員会等の組織を制定したり、あるいはホットラインのような内部通報のための制度を設置するというだけでは、コンプライアンスの必要性・重要性を全社的に浸透させることは不可能である。

コンプライアンスの必要性・重要性を全社的に浸透させるためには、経営トップが、コンプライアンス重視の指針や方針、内部通報制度の存在と活用等コンプライアンスの向上にむけた制度の内容を、事あるごとに機会を捉えて、従業員に対して伝えていかなければならない。その具体的な方法としては、グループ方針、グループの中長期計画・年度方針等グループ全体としての目指すべき方向性を示す文書において、コンプライアンス重視の方針やそれにともなう具体的対応策を盛り込んだり、あるいは、全社通達、社内報等によるメッセージを通して、さらには新年の念頭挨拶、新任役職者への研修時等において、経営トップ自らが、直接コンプライアンスの必要性・重要性を強く訴えていく、すなわち、経営トップによるコンプライアンス重視のメッセージの伝達が必要となってくるであろう。

4 グループ全体にコンプライアンスを浸透させるための4つの施策とその展開方法

このような経営トップによるメッセージの伝達は、コンプライアンスをグループ全体に浸透させていくための必要条件ではあるが、十分条件ではない。すなわち、コンプライアンスをグループ全体に浸透させていくためには、経営

トップによるメッセージの伝達に加え、次の4つの施策を展開していく必要があると考える[62]。

(1) **情報発信活動とその展開**　各種の機会を通じての経営トップからのメッセージによって、グループ各社の従業員としては、「会社は本気になって有効なコンプライアンス体制の構築・運用に向けて取り組むようになるのだな」ということは認識できたとしても、「なぜコンプライアンスが重要なのか、何のためにコンプライアンス体制を構築する必要があるのか」、「コンプライアンスが重要なことはわかったが、自分達は具体的に何をすればいいのだ」、あるいは、「コンプライアンス、コンプライアンスというが、そもそもコンプライアンスとは何なのだ」といった疑問をもつはずである。特に、製造現場の従業員、パート・アルバイト社員等にはこのような意識が顕著に見受けられるであろう。これらの従業員の疑問に答えることなくしては、グループ全体にコンプライアンスを浸透させることは不可能である。

そこで製造現場で働く従業員の隅々に至るまで、正規・非正規を問わず、あらゆる階層の従業員に対して、経営トップの意向を汲むかたちでのコンプライアンス委員会あるいは法務部門による情報発信活動が必要となってくる。

この情報発信活動を行っていくうえで最もよい方法は、従業員1人ひとりに対する「フェイス・トゥ・フェイス」による啓蒙教育の展開である。しかしこの方法は、時間的にも人数的にも限界がある。特に従業員の多い会社、グループ会社を多数有する企業集団においては、この方法を全面展開していくことはきわめて困難である。そこで社内報、ホームページ等の媒体を有効活用することによって、経営トップのメッセージを補足するかたちでの情報発信活動が大切となってくる。この情報発信活動を行っていくうえで重要なことは、いかにグループ各社の全従業員が理解できるようにわかりやすく伝えていくことができるか、そして、いかに全従業員に「コンプライアンスは重要なのだな」ということを納得させることができるか、ということであろう。

そのためには情報発信活動を行っていくうえで2つのキーワードを発信していきたい。

1つは、「何のためにコンプライアンスが必要か」という問いに対するもの

である。これに対しては、コンプライアンスは会社のためではなく、あくまで「自分自身と家族を守るため」であるというキーワードを発信していきたい。具体的には、「いくら会社のためとはいえ、法令違反や不正行為を行った場合、会社は守ってくれない。就業規則等社内ルールに則って処罰されることになる。法令遵守をはじめ、社会のルールを守っていくことが、自分自身と家族を守ることになる。」といったことを伝えていくことになる。すなわち、「誠実な企業行動を実践」していくことが、従業員自身の利益になる、という点を強調したほうが、従業員は理解しやすく、しかも納得できるであろう。

　もう1つは、「具体的に何をすればよいのか」という問いに対し、コンプライアンスといっても何か特別な目新しいことをする必要は何もない、すなわち、「当たり前のことに、いかに真剣に取り組むか」が重要であるというキーワードを発信していきたい。

　これは、「コンプライアンスとは決してむずかしいものではない。それをすることによって何か負担が増えるわけでもない。法令、会社のルール、そしてマナー・常識等社会のルールを守っていくという当たり前のことをするだけのことであり、実に簡単なものなのである。」と伝えていくことになる。このようなシンプルな内容を伝えていくほうが、コンプライアンスという横文字からくる先入観としての難解性を払拭させることができ、従業員に取り組みやすいという意識を植え付けることに貢献できるのではないであろうか。

　従業員に対する情報発信の中に、この2つのキーワードを繰り返し、織り込んでいくことによって、グループ各社も含めた全従業員のコンプライアンスに対する理解を深めていくことが可能になると考える。

　ところが、製造現場の場合、事務部門とは異なり、従業員1人ひとりにパソコンが配置されているわけではない。したがって法務部門が発信するホームページ等を簡単に見ることができないのが一般的である。また社内報では発行時期、発行枚数等の関係で掲載する情報量には自ずと制限がある。そうなるとホームページや社内報といった媒体を活用した情報発信活動も、全社的に浸透させていくためにはやはり限界がある。

　そこで、それらを補う情報発信活動として、コンプライアンスを全社的に浸

透させるために効果的であると考えられるのが、「職場単位での職場のリーダーによる情報発信活動」の展開である。これは課、係、班といった職場単位で、「コンプライアンスとは何か」、「なぜコンプライアンスが必要か」、「具体的に何をしたらよいのか」といったことを、その職場に在籍するリーダー（たとえば係長、班長等）が講師を務め、職場の人達に教育を行っていくというものである。これは本来、法務部門が自社の各職場やグループ会社に対して行う法務教育の一部を、法務部門に代わって、グループ会社も含めた職場内の各リーダーに行ってもらうというものである。

　もちろん、たとえば製造現場の係長や班長に「独占禁止法」や「契約」といった個別具体的な法令遵守のための教育を行ってもらうことは困難である。ところが前述のような「コンプライアンスとは何か」、「なぜコンプライアンスが必要か」、「具体的に何をすればよいのか」、といったことに対する説明であれば、説明用のマニュアル等を法務部門で事前に用意し、それに基づいて各職場の最少単位のリーダーに対して、事前説明会を実施する等の対応をとっておけば十分に可能となる。そしてこの方法であれば、従業員の多い大企業あるいは多数のグループ会社を有する企業集団においても、法務部門が各職場、各グループ会社に赴いて法務教育を行う場合の時間的・人数的限界を打破することができ、広い範囲で同時並行的に、しかも柔軟に行うことが可能となってくる。

　この職場単位での情報発信活動を推進していくうえで、重要なことは2つある。1つは、自社の課・係・班を統括する部門長（担当役員、部長等）、グループ各社の経営トップを推進責任者に指名し、法務部門等が各部門長や各社トップに充分に趣旨説明を行い、各部門長や各社トップにその必要性・重要性を理解させたうえで、各部門長や各社トップを通じて展開していくということである。

　前述のとおり、従業員は常に自分より上の者の意向を気にしながら行動している。部門長から職場単位でのコンプライアンスに関する情報発信活動を行うように指示されれば、経営トップからのメッセージと相まって、会社としてのコンプライアンス重視の本気度が伝わり、従業員が敏感に反応するようになるであろう。つまり職場単位での活動が活発化することが期待できるのである。

もう1つ重要なことは、職場単位での情報発信活動を行っていくうえで必要となる教材を法務部門が開発し、用意しておくということである。教材のイメージとしては、係長や班長が講師となって、職場の部下に説明できるようなマニュアルである。その内容としては、前述の2つのキーワードに加え、コンプライアンスという用語の意味や、社内に存在する行動指針、制度（内部通報制度等）、そして施策の紹介等を盛り込んだものが考えられる。

 このようにグループ全体にコンプライアンスを浸透させるための情報発信活動としては、法務部門による法務教育に加え、社内報やホームページのような媒体を活用したもの、および各職場のリーダーが中心となって職場単位で一斉に行うことができるもの、これらを並列的に行っていくことで、より実効性をあげていくことができると考えられる。

 (2) **従業員1人ひとりが自ら能動的に参画できる施策の展開**　全社的にコンプライアンスを浸透させていくためには、前述のような情報発信活動が重要であることは論をまたない。ところが、この情報発信活動は一方通行的な面もあり、これだけでは不十分といわざるをえない。

 (1)に記載した情報発信活動を展開していくことによって、グループ各社も含めた従業員がコンプライアンスの必要性・重要性を認識することは可能となる。しかし有効なコンプライアンス体制の構築に向け、各従業員が積極的に取り組んでいくためには、それなりに従業員に対する動機づけが必要となってくる。

 各従業員がコンプライアンスに積極的に取り組むための動機づけとしては、有効なコンプライアンス体制構築に向け、従業員1人ひとりに「自分達が主役である」という意識をもたせることが重要となってくる。すなわち、従業員1人ひとりが、コンプライアンス体制の構築に向け、自ら能動的に参画できるような施策の展開が必要となってくる。

 そのための有効な方法としては、係や班といった最少の職場単位で、職場の従業員がコンプライアンスについて話し合えるような機会を確保することが考えられる。たとえば、法務部門においてテーマ・事例をあらかじめ用意しておき（セクハラ、パワハラ、会社機密の漏洩等に該当するテーマ・事例）、取り上げたそ

のケースにおいては、コンプライアンス上どのような問題があり、それを解決するためにはどのように対処したらよいのか、といったこと等を職場単位でグループを形成し、話し合ってもらうというものである。

これは(1)の活動の１つである「職場単位での各職場のリーダーによる情報発信活動」とは異なる。職場単位での情報発信活動は、あくまで各職場内のリーダーが講師を務め、それを当該職場内の部下が聴講するというかたちで行われる。

これに対し、ここでの施策は、具体的テーマ・事例をあらかじめ用意しておいて、それに基づいて、当該最少単位の職場に在籍する全従業員が討論するというものである。ただしこの施策が有効に展開できるためには、職場単位での各職場のリーダーによる情報発信活動が推進されていることが前提となるであろう。その意味では当該施策は、「職場単位での情報発信活動」の発展形と位置づけることができる。

また、職場単位で討論する場としては、当然各会社、各グループによって異なることになるであろうが、たとえば、定時後月に１度ぐらいのペースで、最少の職場単位で従業員が一堂に集まり、ざっくばらんに話し合う「職場懇談会」のようなフォーマルあるいはインフォーマルな催しはどこの会社、どのグループにも存在すると思われる。そういった場を活用して実践していくことが効果的であると考えられる。

(3) 従業員１人ひとりの意識にコンプライアンス重視を義務づける施策の展開

有効なコンプライアンス体制の構築に向け、従業員が積極的に取り組んでいくためのもう１つの動機づけとしては、各従業員に対して、「コンプライアンスを軽視すると自分自身に不利益が生じる。有効なコンプライアンス体制の構築に向け、好むと好まざるとにかかわらず、真剣に取り組んでいかなければならない」という意識を植えつけていくことも重要であろう。この意識を従業員に植えつけていくための施策としては、主に２つのものが考えられる。

まず最も簡単にできるものとして、グループ各社も含めた全従業員から、「コンプライアンスを重視し、誠実な企業行動を実践していく」ことを宣言させた「誓約書」をとるというものである。たとえば、「私は、当社行動指針の記載内

容をしっかりと理解し、○○グループの一員としての自覚と誇りをもって、社会から信頼される行動の実践に努めることを誓います」といった文書をあらかじめ用意しておき、その文書に、所属部署名（あるいは所属会社名）と氏名を記載させ、それを会社に提出してもらうといったものである。

　この方法は、「会社に誓約書を提出した以上、軽率な行動はできない」という従業員1人ひとりの良心に訴えて、自浄作用を促すというものである。しかしこの施策は従業員の良心に訴えるだけのものであり、簡単に行うことができる反面、効果も弱いといわざるをえない。

　そこで、もう1つ考えられる施策としては、「内部通報制度」の導入、活用である。内部通報制度とは、通常の縦のラインとは別に、グループ各社も含めた従業員が社内あるいはグループ内の法令違反、不正行為を経営トップに伝達することができる制度である。この制度が社内あるいはグループ内で積極的に活用されるようになれば、不正行為等の事前抑止や牽制、また自浄作用の促進、さらには社外への内部告発の受け皿、職場不満への解消等にも役立つことになるであろう。

　この内部通報制度がグループ内で各従業員によって積極的に活用されるようになれば、グループ各社の従業員相互に抑止・牽制がはたらき、コンプライアンスを重視せざるをえないという意識が醸成されていくことになるであろう。また、親会社もしくは親会社取締役による子会社に対する不当な影響力の行使にも一定の歯止めがかかることが期待される。

　しかし内部通報制度の設置にはマイナス面も存在する。それはいわゆる心無い従業員によって、この制度が濫用されるおそれがあるということである。すなわち、内部通報制度が従業員の個人的怨恨等に利用される可能性が出てくることも考えられる。ただし、このことは内部通報制度を導入するにあたり、あらかじめ予想されることではある。内部通報制度によって、たとえば10件の社内情報が寄せられたとすれば、そのうち、有効で役に立つ情報は、せいぜい2、3件ぐらいであるといったように、ある意味での割り切りも必要となってくるであろう。

　(4)　**両面を充たす施策の展開**　　情報発信活動に加え、有効なコンプライアン

ス体制を構築するための従業員への動機づけのための施策として、1つは自分達1人ひとりが主役であるという意識を醸成させるもの、そしてもう1つは、コンプライアンスに真剣に取り組まざるをえないという意識を醸成させるものである。この相反するそれぞれの施策について検討してきたが、この両面の意識を醸成させる施策も考えられる。具体的には2つの施策が考えられる。

　1つは、「コンプライアンスを意識した人事評価制度」の策定、展開である。これは、有効なコンプライアンス体制を構築・運用していくうえで参考となる意見を会社に具申、提言した従業員に対し、人事上のインセンティブを与えるといった制度を導入し、展開していくというものである。コンプライアンスに関する意見具申、提言が自分自身の人事評価に直結してくるわけであるから、従業員の意識を高揚させるという点ではきわめて重要な施策となりうるであろう。その反面、意見具申や提言をしたことにより、人事上のインセンティブを与えられた従業員にすれば、「インセンティブを与えられた自分がコンプライアンスに反するような行動を行うことはできない」という抑止効果も期待できる。

　また、「メディアに対する広報活動」も検討されるべきである。これは自分たちが創ったコンプライアンス体制を株主等会社のステークホルダーだけではなく、一般に会社のホームページ等を媒体として開示していこうというものである。これが実現すれば従業員の士気はより一層高められていくであろう。反面、色々な人の目にさらされることによって、「自分達がそれに反することはできない」という自己牽制作用が生じることも期待できる[63]。

　グループトップによるメッセージの伝達に加え、これら4つの施策を積極的に展開していくことによって、コンプライアンス重視の企業風土が醸成され、そうなったときに初めて、有効なコンプライアンス体制が構築・運用されていくことになるであろう。

7 企業集団における有効なコンプライアンス体制を構築・運用していくうえでの監査役の役割と監査内容

1 取締役の違法行為等コンプライアンス違反を防止するうえでの検討すべき項目

6で記載したとおり、グループのトップおよび各グループ会社の経営トップによるメッセージの伝達と、コンプライアンスを浸透させるための各種施策を積極的に展開することによって、従業員1人ひとりのコンプライアンス重視の意識が醸成されることは十分に期待できる。

ところが、そもそもグループトップや各社の経営トップの暴走、違法行為を防止するためのしくみが存在しなければ、本当の意味でのコンプライアンス重視の企業風土を醸成していくことは困難である。グループトップ、すなわち親会社の取締役による違法行為、特に子会社に対する不当な影響力の行使を防止するためには、どのようなしくみが必要となるのであろうか。

これについては主に以下の3つ、具体的には、①経営の執行機能と監督機能を分離し、監督機能を強化すべく社外取締役を導入する、②親会社監査役による子会社調査権を有効活用する、③会社外部からの監視、特に親会社株主による株主権を有効活用する、といったことが考えられる。

このうち、会社法施行規則においては、コンプライアンス体制を含め、取締役が構築・運用しなければならない内部統制システムを有効なものとすべく、監査役の独立性を担保するための規定を設けており、監査役に対する期待の大きさがうかがわれる。

ついては本節では、適正なグループ経営のために企業集団における有効なコンプライアンス体制を構築・運用するにあたり、特に、親会社取締役による子会社に対する不当な影響力の行使を防止するためには、親会社監査役はどのような活動を行っていけばよいのか、という点を中心に検討していきたい。

2 企業集団における有効なコンプライアンス体制を構築・運用していくための親会社監査役の監査内容

　この検討を行うにあたってまず明確にしておかなければならないことは、親会社監査役の子会社調査権は、あくまで親会社取締役の業務執行を監査するために認められているということである。したがって、子会社の取締役を監査するために、親会社監査役が子会社に常駐するといったような対応は子会社調査権の目的に反することになり、認められないであろう。また、そのような権限を親会社監査役に付与することは、子会社の監査役の存在、役割を考えた場合、やはり行き過ぎであろう。

　企業集団における有効なコンプライアンス体制を構築・運用するための親会社監査役による具体的活動内容としては、本節では、「監査役監査基準41条」に定められている4つに集約されるのではないかと考える。

　同基準41条においては、まず1項において、親会社監査役は連結経営の視点により監査を遂行するよう定めたうえで、2項において、内部統制システムが企業集団のレベルで整備されているかどうかを監視しながら監査すべきこと、また企業集団のレベルで監査環境が整備されることを努力すべきこと、そして3項において、子会社の監査役やグループ会社の内部監査部門および会計監査人との情報交換を図るよう努めるべきこと、最後に4項において、子会社に対する報告請求および調査を実施することが、それぞれ定められている。[64]

　これらの規定から親会社監査役は、企業集団における有効なコンプライアンス体制を構築・運用していくうえで、どのような対応をとる必要があるのであろうか、まずは各規定の内容を1つひとつみていきながら検討していきたい。

⑴　**企業集団レベルでの内部統制システムが整備されているか否かの監査の視点（監査役監査基準41条2項）**　　この視点から監査しなければならない対象としては2つあると考えられる。

　1つは、金融商品取引法上の取締役が作成する内部統制報告書に対する監査である。

　より具体的には、内部統制報告書の前提として、取締役が作成する「チェックリスト」に漏れがないかどうかを監査することになる。これは取締役自らが

構築した内部統制がどうなっているのかを評価するためのチェックリストを監査するわけであるから、取締役による内部統制の評価の中味を監査するということになる。

　もう1つは、会社法上の内部統制の監査である。すなわち、「監査役監査基準12条」に規定された各項目を監査することになるであろう。これは会社法施行規則に基づいて、取締役が構築した内部統制システムの内容自体を直接監査するというものである。

　このように取締役が構築した内部統制の評価の中味と内部統制システムの内容自体、この2つを監査することが、同基準2項における「内部統制システムが企業集団のレベルで整備されているかを監視しながら監査する」ことの具体的内容であると考える。

　(2)　**子会社監査役等との情報交換**（同条3項）　　親会社監査役が監査活動を行っていくうえにおいては、子会社の監査役やグループ会社の内部監査部門および会計監査人との情報交換が必要となってくるが、意思疎通の具体的方法としては、たとえば、グループ監査役会、内部監査部門や会計監査人との情報交換会等を、定期的かつ継続的に実施していくことが考えられる。

　(3)　**子会社に対する報告請求および調査の実施**（同条4項）　　子会社に対する報告請求および調査を行うにあたっては、それが親会社の監査役による一方的なものでは実効性をあげることは困難であろう[65]。3項において定められた意思疎通を、子会社の取締役および重要な使用人にまで拡大して綿密に行っていくとともに、子会社・グループ会社の取締役・監査役などの兼任者が親会社にいる場合には、必要に応じて、その者から子会社・グループ会社の状況などをヒアリングすることが必要となってくるであろう。

　このようにみてみると、親会社監査役による監査の充実・独立性が、「企業集団における内部統制システム」の一環としてのグループ経営における有効なコンプライアンス体制の構築・運用に向け、いかに重要であるかが改めてクローズアップされてくる。

3　新会社法の制定にともなって発生した新たな課題

　前述のとおり、グループ全体におけるコンプライアンス重視の企業風土を醸成していくためには、親会社監査役はもちろんのこと、グループ各社の監査役の監査の充実が不可欠である。ところがここにきて、新たな問題が生じることとなった。

　それは2005 (平成17) 年に制定された新会社法において、機関設計の多様化・柔軟化が認められ、会社の規模等に応じて、特に小規模な会社においては、「監査役を設置しなくてもよい」という選択肢をとることが可能となったことである。具体的には、大会社以外ですべての株式に譲渡制限を設けている会社、いわゆる非公開会社の場合には、監査役の設置は任意とされることとなった。

　機関設計の多様化・柔軟化は、企業の競争力強化に向け、ビジネスニーズに応えるための多様な選択肢や柔軟性を許容する定款自治の拡大の一環として認められたものである。そしてこの機関設計の多様化・柔軟化は、中小企業だけではなく、譲渡制限会社を擁する大企業のグループ経営においても、経営の機動化、指揮命令系統の強化・統一の観点から、その活用価値はきわめて高いと考えられる。ところが新会社法はその一方において、健全性の確保のために、ガバナンス強化のしくみとして、内部統制システムの構築・運用を義務づけ、しかもその範囲を企業集団にまで拡大させている。

　したがって、グループ経営の競争力強化のためには、経営の機動化等を実現できる機関設計の多様化・柔軟化と、健全性の確保に貢献できる企業集団における内部統制システム、特にその中でもコンプライアンス体制の構築と運用、この2つを一体として検討していかなければならない。

　ところがここで1つの問題が生じることとなる。それは、機関設計の多様化・柔軟化の一環として、非公開の子会社に監査役を設置しないという選択を行った場合、その子会社だけではなく、グループ全体において、有効なコンプライアンス体制の構築・運用に重大な支障が生じるのではないか、ということである。

　この問題に関連して、ある企業集団において監査役非設置の子会社が存在する場合、親会社監査役の子会社調査権にどのような影響を及ぼすことになるの

であろうか。より具体的には、①子会社が監査役非設置会社の場合、親会社監査役の子会社に対する調査権限は拡大するのであろうか、②子会社が監査役設置会社か否かによって、企業集団における内部統制システム、特にグループにおけるコンプライアンス体制が有効に構築・運用されているのかということに関する親会社監査役の監査内容に影響が及ぶのであろうか、及ぶとすればそれはどのようなものであろうか、といったことが問題となってくる。

そこで、次にこれらの内容に関して検討していきたい。

(1) 子会社が監査役非設置会社の場合に親会社監査役の子会社調査権に及ぼす影響

親会社監査役の子会社調査権を定めた会社法381条3項によると、当該調査権限の対象を、特定の業務に限る、あるいは会計に限るといった限定は付されていない。すなわち、親会社監査役の子会社に対する調査権限は、子会社の業務および財産の全体に及んでいくことになる。

子会社が監査役設置会社であっても、親会社の監査対象・範囲は、子会社の業務および財産全体に及ぶものであり、それ以上広がりようがないため、子会社が監査役非設置会社の場合であっても、親会社監査役の子会社に対する監査対象・範囲に違いはないものと考えられる。もっとも、子会社に監査役が存在しないことによって、親会社監査役による調査の結果、初めて子会社における違法行為が発見されるといった可能性は高まることも考えられる。しかしながら、このことと親会社監査役による監査対象・範囲とは別の問題であろう。

また、親会社監査役の子会社調査権は、そもそも親会社取締役の業務執行を監査するために必要な範囲で認められたものである。したがって親会社自体の業務および財産に対する監査と、子会社の業務および財産に対する監査とを比較した場合、様々な相違点があげられる。具体的には、親会社監査役は、親会社の取締役会には出席できるが（出席義務もある）、子会社の取締役会への出席権があるわけではない、また、親会社監査役は、親会社取締役による違法行為については差止請求権を有するが、子会社の取締役の行為については当該権限は定められていない、親会社監査役による子会社の業務および財産に対する調査に関しては、子会社に正当な理由があれば拒絶される、等々である。

すなわち、子会社の業務および財産に対する監査は、親会社自体の業務およ

び財産に対する監査と同等にはなりえないが、そのことは子会社が監査役設置会社か否かにかかわらず、同様であると考えられる。

このように子会社に監査役が存在しない場合であっても、親会社監査役の当該子会社に対する調査権限が拡大するわけではないと考えると、当該子会社の取締役に対する抑止牽制、ひいてはグループ全体として有効なコンプライアンス体制を構築・運用していくためには、どのような対応をとっていけばよいのであろうか。

この点に関し、本節においては次のように考える。監査役非設置会社の場合、当該会社がある企業集団の子会社である場合、当該子会社の取締役に対しては、当該子会社の株主が、直接監視することが顕在化することになる。それは新会社法における次の各規定から明らかである。すなわち、

① 子会社の取締役が子会社に著しい損害を及ぼすおそれのある事実を発見した場合、監査役非設置会社の場合、当該事実を報告する相手方は株主となる（会社法357条1項）。

② 監査役設置会社における株主による取締役の違法行為差止請求は、「回復することができない損害」が生じるおそれがある場合に限定されるが、監査役非設置会社においては、設置会社における監査役の差止請求と同様、「著しい損害」が生ずるおそれがあれば行使できる（同法360条3項・385条1項・360条1項）。

③ 監査役設置会社における監査役の取締役会招集請求権（同法383条2項・3項）は、監査役非設置会社においては、取締役が法令定款違反行為等をするおそれがあると認められる場合には、株主が行使できる（同法367条）

④ 監査役設置会社における株主による取締役会議事録等の閲覧・謄写請求は、裁判所の許可を得る必要があるが、監査役非設置会社の株主は、裁判所の許可を得ることなく、営業時間内であればいつでも閲覧・謄写請求が可能である（同法371条2項）。

このような規定が存在する以上、子会社が監査役非設置会社の場合には、親会社取締役が、当該子会社の株主として、上記①～④のような権限を行使していくということになる。すなわち、子会社を監査役非設置会社とした場合、

当該子会社の株主として、親会社取締役による監督機能が拡大されるということになるであろう。

ただし、子会社を監査役非設置会社とした場合、親会社取締役には上記のような株主としての権限が与えられることにはなるが、子会社に対する法律上の監視・監督義務を負うというわけではないであろう。なぜなら親会社取締役には、そもそも子会社に対する経営指揮権とそれに基づく具体的指図権が認められているわけではなく、子会社の業務・財産状況に関する調査権限が与えられているわけではないからである。

したがって親会社取締役は、子会社自身の取締役が当該子会社の他の取締役に対して負っているのと同様の、業務執行に関する監視・監督義務を負うわけではないと考えられる。もっとも、親会社取締役にとって、子会社管理に関する親会社自体に対する善管注意義務が拡大する可能性は出てくるであろう。

(2) **子会社が監査役設置会社か否かが親会社監査役の子会社に対する監査内容に及ぼす影響**　子会社に監査役を設置するか否かということは、当該子会社を含む「企業集団における内部統制システム」、その中でも特に、コンプライアンス体制の1つと評価しうると考える。そして親会社取締役は、企業集団における有効なコンプライアンス体制を構築・運用する義務を負っている。

したがって、親会社として、子会社のコンプライアンス体制を定めるにあたり、監査役を設置しないという選択肢を採用したのであれば、監査役非設置という状況を補完するための体制を整えるべきであろう。このことからすると、親会社の監査役としては、親会社取締役が、子会社に監査役を設置しなくとも業務の適正を確保しうる体制、特に、コンプライアンス体制を構築・運用しているのか否かを監査すべきであると考える。

すなわち、親会社監査役は、子会社に監査役を設置しなかった補完措置として、親会社取締役がどのような体制を整えているのか、ということに関して監査する権限と義務が生じると考えるべきであろう。

8　企業集団におけるコンプライアンス体制構築・運用に向けての留意点

　有効なコンプライアンス体制の構築・運用に向けた前述の各種の施策をグループ全体に展開していく場合、まず親会社で展開したうえで、それらの施策をグループ各社に横展開していくという方法、グループ全体で同時並行的に一斉に展開する方法等、そのやり方は様々であろう。ところがいずれの方法によって展開していく場合であっても留意すべきことがある。最後にそのことに触れておきたい。

　グループ全体におけるコンプライアンス体制を構築・運用していくうえで、最も留意すべき点は、親会社による効率的な運用と各グループ会社の自主性の尊重、その調和をいかに図るかにあると考える。

　内部通報制度や法務教育等各種施策を親会社で創り上げて、親会社内で展開した後に、それら既存の制度や活動をグループ各社に横展開していく方法は、グループ各社がコンプライアンス体制を構築・運用していくうえで効率性に資することにはなる。親会社がグループ会社向けの指針・ガイドライン等を作成し、これをグループ各社に提供していく場合も同様である。

　ところが、当然のことながらグループ各社は親会社とは別法人である。グループ各社それぞれの固有の課題も存在するであろうし、業態・業種・扱い製品・会社規模等により、経営方針や進むべき方向性も一定の範囲で異なることもあるであろう。このような状況を考慮せずに、一律的、画一的なグループにおけるコンプライアンス方針を各社に押しつけることは、かえってグループ各社の経営の効率性を阻害することにもなりかねない。たとえば、年間売上1兆円、従業員3万人超の規模の親会社がとっている方針や施策を、年間売上50億円、従業員300人のグループ会社にそのまま押しつけることは、当該グループ会社にとってはきわめて大きな負担となり、業務の遂行が滞ることが予想される。

　また、親会社が策定した指針・ガイドライン等をグループ会社に一方的に押しつけたりすることが、当該グループ会社のモチベーション・モラルに悪影響

第2章　グループ経営における内部統制システムの構築と運用

を及ぼすことも考えられる。

　グループ全体としての有効なコンプライアンス体制を構築・運用していくためには、各グループ会社の置かれた状況、規模、ニーズ等を検討したうえで、グループ各社と十分に協議を行い、グループ各社の自主性を最大限に尊重していくという配慮がきわめて重要となってくるであろう。

1） グループ経営の定義としては、明らかに定まったものはないが、ここでは「企業単体としてではなく、連結子会社を通じてはもちろんのこと、連結・資本関係にない場合も含めて、複数の企業集団が連携して、事業目的を達成するために行われていく経営戦略、またはそれを支えるマネジメント」と捉えていきたい（KPMGホームページ）。
2） 具体的には、1990年代後半より連結中心の会計制度に変更され、2000年の会計ビックバン以来、連結情報がディスクロージャーの中心になってきた。そして2002年の税制改革により、連結納税制度が導入されるに至った。
3） 酒巻俊雄「会社法における内部統制の概要と検討課題」宝印刷株式会社総合ディスクロージャー研究所編『内部統制制度の運用と課題』（中央経済社、2009年）4頁。
4） 内部統制監査役監査基準4条3項において、「監査役は、内部統制システムが、会社及びその属する企業集団に想定されるリスクのうち、著しい損害を及ぼすおそれのあるリスクに対応しているか否かに重点をおいて、内部統制システム監査を行う。……」と定められ、それを受け、同条4項において、「監査役は、内部統制の実践に向けた規程類及び組織体制、情報の把握・伝達体制、モニタリング体制など内部統制システムの構成要素が、前項のリスクに対応するプロセスとして有効に機能しているか否かについて、監視し検証する」という、いわゆる「リスク・アプローチ」の考え方が採用されている。また同基準8～13条においては、監査役が、内部統制システムを構成する具体的各項目である法令等遵守体制（コンプライアンス）、損失危険管理体制（狭義のリスク管理体制）、情報保存管理体制、効率性保存体制、企業集団内部統制、財務報告内部統制に関する監査を行うにあたり、まず第1項において各々に該当する重大リスクを「監査上の重要な着眼点」として列挙し、次に第2項において、その各々の重大リスク対応のポイント・判断基準を「重要な統制上の要点」として特定している。
5） 鳥羽至英先生は、その著書『内部統制の理論と制度―執行・監督・監査の視点から』（国元書房、2007年）において、「これらの項目（会社法施行規則100条3項）は、会社法が内部統制概念をコーポレートガバナンスに連動させていることを示す最もよい証左である」（161頁）としたうえで、「会社法は、構築すべき内部統制システムの水準の決定を、執行（代表取締役）と監督（取締役会）の機関だけに一任しているのではない。取締役会が決定する内部統制システムの内容が相当であるかどうかについての判断を監査役に求めている。（中略）まさに、内部統制システムの構築に対して、代表取締役、取締役会、そして監査役（監査役会）は共同責任を負っている」（164頁）と主張されている。
6） コンプライアンスに関するこの定義は、株式会社デンソーグループにおいて採用され

ているものを引用している。
7) COSOの正式名称は、「Committee of Sponsoring Organizations of Treadway Commission」。日本語訳では、「トレッドウエイ委員会支援組織委員会」とされている。本文1の内容に関しては、全般を通じて、鳥羽至英・八田進二・高田敏文共訳『トレッドウェイ委員会内部統制の統合的枠組み―理論編』（白桃書房、1997年）および鳥羽・前掲注5）を参考にしている。そのことを前提としたうえで、注8）から注10）の記載に関しては、各注に示した各筆者の文献の表現を引用している。
8) 経営法友会『内部統制システム構築・運用ガイドブック』（商事法務、2007年）3頁。
9) 米国においてCOSOという組織ができた背景としては、米国における相次ぐ企業不祥事の発生があげられる。

　まず1980年代、多くの不正な財務報告の事件が頻発した。これに対する国家的な取り組みとして、1985年に「トレッドウエイ委員会」という組織がつくられた。同委員会は、1987年の段階で「不正な財務報告」というタイトルの報告書を公表している。この報告書の内容は、一言でいうと、会計士・会計の専門職および米国証券取引委員会（以下、「SEC」という）に対する勧告である。この勧告を受けて、「トレッドウエイ委員会を支援する組織による委員会」、いわゆるCOSOという組織ができた。COSOの課題は、トレッドウエイ委員会の提言を受けた研究を進めることである。同委員会の勧告が出された後に、米国ではＳ＆Ｌ（貯蓄貸付組合）の破綻が多く発生した。これを受けて、1991年には連邦預金公社法において、米国の銀行等に対し、財務報告にかかる内部統制の評価・報告と外部監査人による検証の義務化が法制化された。

　この法制化の後を追うようにして1992年に出されたものがCOSOレポート、俗に「COSO I」と呼ばれるものである。このレポートは、1994年に出された追補とあわせて「COSOフレームワーク」と呼ばれているが、このレポートの中で、具体的な内部統制として「何を行っていくべきか」という問題が、前述のとおり、提起されている。その後1995年になると、米国の公開企業等の財務諸表監査の内部統制の評価において、「内部統制フレームワーク」に基づく評価が導入されるに至っている。

　さらに1997年になると、アジアの経済危機、通貨危機等が発生した。このあたりから国際的なフレームワークに内部統制の問題が出てくるが、1998年にバーゼル銀行監査委員会が、「銀行組織の内部における内部監査体制のフレームワーク」という文書を公表している。また、2001年12月にはエンロンが破綻し、さらに監査基準を検討しなければならない状況になってきていた。そしてこのエンロンの破綻の頃から、米国では公開企業の財務報告により厳しい眼を向けるべきではないのかという議論が進み、2002年7月に、米国企業改革法「サーベンス・オクスリー法」（以下、「米国SOX法」という）が成立している。米国SOX法では、SEC登録企業の経営者に対して、年次報告書の開示が適正であることの宣誓が、罰則付きで義務付けされている。そしてこれと同時に、内部統制報告書の作成があわせて義務付けられた。内部統制報告書とは、財務報告にかかる内部統制の有効性を評価したものである。さらにこれを会計監査人による監査の対象としている。その際の基本的枠組みとして、COSOフレームワークが広く活用されている。

　このようななか、COSOフレームワークはさらに研究が進み、2004年9月に至って、「全

社的リスクマネジメントのフレームワーク」という形で、いわゆる「COSO Ⅱ」レポートと呼ばれるものが公表されることとなった（竹原隆信「内部統制の整備と取締役の責任―いま必要とされる内部統制とは」新会社法ＡtoＺ17号7頁）。
10) 竹原・前掲注9) 9頁。
11) 岡村久道『これでわかった会社の内部統制』（日本経済新聞社、2007年）6～7頁。
12) 経営法友会・前掲注8) 29頁。
13) 酒巻・前掲注3) 21頁。
14) 酒巻・前掲注3) 21頁。
15) 会社法と金融商品取引法上の内部統制の具体的相違点としては以下のとおりである（竹原・前掲注9) 12頁表4）。
　① 対象会社
　　会社法においては、大会社（資本金5億円以上もしくは負債総額200億円以上の会社）が対象であり、上場・非上場は関係ない。金融商品取引法においては、上場会社その他政令で定めるもの（法令所定の有価証券を発行する会社及び連結対象先）となっている。金融商品取引法上の内部統制は、証券市場に対する投資家の信頼確保を目的とするものであるため、その対象は、原則として証券取引市場への上場会社に限られることになる。
　② 規制対象
　　会社法においては、経営全般の適正を確保するための体制、すなわち業務全般であるのに対し、金融商品取引法においては、財務報告の適正性を確保するための体制、すなわち財務報告の範囲に限定されている。
　③ 実施しなければならない「必要行為」
　　会社法においては、取締役会の決議による基本方針の決定と事業報告への記載である。それに対し、金融商品取引法においては、代表取締役が内部統制報告書を提出しなければならない。
　④ 開示義務の対象
　　会社法においては、取締役会の決議・決定内容であり、金融商品取引法においては、監査済みの内部統制報告書ということになる。
　⑤ 監査主体
　　会社法においては監査役、金融商品取引法においては公認会計士または監査法人である。
　⑥ 罰則の有無
　　会社法上の決定義務の違反に対しては罰則はない。一方、金融商品取引法上の義務に違反した場合には、虚偽記載罪として懲役10年以下または罰金1000万円以下、さらに両罰規定により法人も罰せられる場合には、7億円以下の罰金という重い罰則が課されることになる。
16) 始関正光『Q＆A平成14年商法改正』（商事法務、2003年）81頁。
17) 酒巻・前掲注3) 5頁。
18) 大和銀行事件判決（大阪地判2000年9月20日資料版商事法務199号248頁）。本文に記

載した事件の概要に関しては、小島美奈子「企業集団における内部統制が問題となった事例―大和銀行巨額損失事件」高橋均編『企業集団の内部統制』(学陽書房、2008年) 64頁参照。
　本事件の概要は以下のようなものである。大和銀行ニューヨーク支店の従業員が、長年 (1984年から1995年の間) にわたり、本文64頁に記載したような違法行為を行って、大和銀行に約11億ドルの損失を与えた。しかし、同行の代表取締役らは、この損失について帳簿に虚偽記載するなどの隠蔽工作を行ったところ、銀行はこの隠蔽工作に関して24の訴因につき刑事訴追を受け、そのうち16事件について有罪答弁を行い、罰金額として3億4000万ドルを支払い、同時にこの刑事事件を依頼した弁護士に報酬として1000万ドルを支払った。そこで同行の株主らが現在または元の取締役・監査役に対して、従業員による違法行為による損失約11億ドルに関して、違法行為を防止するとともに、損失の拡大を最小限にとどめるための内部統制システムを構築しているかを監視すべき善管注意義務・忠実義務を怠ったことを理由に、その損害賠償を請求する代表訴訟を提起した (甲事件)。また、同行が司法取引により米国当局に支払った罰金3億4000万ドルおよび弁護士報酬1000万ドルについても、内部統制システムに関し監視すべき善管注意義務・忠実義務違反を理由に、損害賠償を請求する株主代表訴訟を提起したというものである (乙事件)。

19)　神戸製鋼所事件 (神戸地裁2002年4月5日和解所見資料版商事法務1626号52頁)。長年総会対策に携わってきた取締役副社長およびこれを引き継いだ担当取締役が、自らまたは従業員らに指示して、総会屋に対し、他の総会屋株主の発言を封じて株主総会を平穏裡に終了させるための協力に対する謝礼として、合計約2億円を供与した。また同社加古川製鉄所において、取引先との合意のもと、スクラップの簿外売却の方法により、合計約1億7000万円の裏金が捻出され、そのうち3000万円は総会屋への利益供与に使われた。以上の事実関係に基づき、上記利益供与および裏金捻出当時の代表取締役社長および担当取締役に対し、同社の株主が代表訴訟を提起したという事案である。

20)　ヤクルト事件 (東京地判2004年12月16日判例時報1888号3頁、東京高判2008年5月21日金融商事判例1293号12頁)。事件の概要については、本文68頁において記載したが、本件においては、デリバティブ取引に関して社内で一応のリスク管理体制がとられており、そのような状況において、取引担当取締役が巧妙な態様で制約事項に違反する取引を行っていたという事実関係のもとで、約533億円の損失が生じたということで、当該担当取締役だけではなく、すべての取締役および監査役が株主代表訴訟を提起された。

21)　ダスキン事件判決 (大阪地判2004年12月22日資料版商事法務250号186頁、大阪地判2005年2月9日資料版商事法務256号21頁、大阪高判2006年6月9日資料版商事法務268号74頁、大阪高判2007年1月18日資料版商事法務275号198頁)。
　食品販売業を営む会社が、①食品衛生法上使用が許されていない添加物を含んだ肉まんを販売したことに関し、同社取締役等が、食品衛生法上販売が許されていない添加物が同社の販売する食品に使用されることがないようなリスク管理体制を構築する善管注意義務があったのにこれを怠り、食品衛生法上販売が許されていない添加物の使用を発見した場合に取締役等がどのように報告し行動しなければならないのか等についてマ

ニュアルを作成し周知徹底させ、違法行為等があれば即座にコンプライアンス部門等を通じて、取締役会に報告される体制を構築するなどの善管注意義務があったのにこれを怠り、その結果フランチャイジーに対する補償等により、約106億円の出えんをした、また、②同社が、違法な添加物が肉まんに含まれていることを知らせた人物に6300万円を支払ったことについて、同社取締役等は、恐喝等違法行為の疑いがある事実を認識した場合には、直ちにコンプライアンス部門等に報告し、同部門は必要な調査をしたうえ、取締役会に報告する体制を構築する善管注意義務があったのにこれを怠り、同社に損害を与えた、さらに、③同社取締役等は、違法な添加物を含んだ肉まんが販売されたことを認識したにもかかわらず、その事実を積極的に公表しなかったことについて、取締役等は、上記肉まんを回収し、謝罪等の被害回復措置をとるべき善管注意義務があったのにこれを怠り、その結果、同社に上記の出えんや支払いを余儀なくさせ、合計106億2400万円の損害を与えたとして、取締役・監査役に対し、同社の株主が代表訴訟を提起したという事案である。

22) 前掲注18)。
23) 前掲注19)。
24) 前掲注20)。
25) ヤクルト事件における第一審判決（東京地裁）においては、取締役の善管注意義務の内容として、どのようなリスク管理体制を構築すべきかについて、「経営判断の原則」との関係で次のように判示している。

「リスクが会社に与える影響の把握とそれに見合った必要なリスク管理体制をどのようなものにするか、さらにはリスク管理の結果を踏まえて資金運用担当の取締役がどのようにして資金の運用を行なうかは、会社の規模、事業内容、当該資金の性質・内容等に応じてまったく異なるものであり、これらの諸事情や会社の置かれている状況などを踏まえた上で、会社の専門的かつ総合的判断であることからすると、これらの認識及び判断の内容は、意思決定の時点において一義的に定まるものではなく、取締役の経営判断に属する事項としてその裁量が認められるべきであり、いわゆる『経営判断の原則』が妥当する。」

そしてその判断に際しては、「当該取締役の経営判断がその裁量の範囲内であったか否かは、あくまでも意思決定の行なわれた時点におけるリスクに対する認識可能性やリスク管理体制の水準、さらには当時会社が置かれていた状況を基準に検討すべきであって、その後現在までに集積された知見や経験をもとに、結果責任を問うものであってはならない」ということおよび「ヤクルト本社のように多くの従業員を配置し、業務遂行に際し、それぞれの部署が重畳的に情報収集・分析、検討を加える手続きが整備された大規模会社においては、取締役の善管注意義務の有無も、このような分業と権限委任の組織体制を前提として判断されるべきであり、取締役は、特段の事情がない限り、各部署において期待された水準の情報収集・分析、検討が誠実になされたとの前提に立って、自らの意思決定をすることが許されるというべきである。したがって、取締役は、各部署が行なった情報収集・分析、検討の内容を一から精査し直すことは求められておらず、特段の不審事由のない限り、これに依拠して意思決定を行なえば足りると解される」と

26) 前掲注21)。
27) ダスキン事件に関しては、当初、本件原告により、2つの事件として別々に提訴されたが、その後、両事件が併合され、さらに販売当時違法を認識していた被告2名の公判と違法を認識していなかった11名の公判に分離されており、本判決は後者の事件に対するものである（資料版商事法務250号186頁）。

本判決においては、被告11名全員が、少なくとも食品衛生法上使用が許されていない添加物を含んだ肉まんが販売されたことに関しては、任務懈怠はなかったと判示された。ただし、被告11名の内、1名の取締役に関しては、食品衛生法上使用がゆるされていない肉まんが販売されている事実を認識していたとして、それにもかかわらずその事実を取締役会への報告等を怠ったとして、善管注意義務違反が認められた。他の取締役等に関しては、上記のような事実を認識しておらず、内部統制システムは構築されていたとして、善管注意義務違反は認められなかった。

28) 「コーポレート・ガバナンスの状況」における開示内容としては、会社の企業統治に関する事項に代えて、連結会社の企業統治に関する事項を記載することもできる（開示府令第3号様式記載上の注意31-2)。
29) 大和銀行事件大阪地裁判決・前掲注18) によると、「取締役は、取締役会の構成員として、また代表取締役又は業務担当取締役として、リスク管理体制を構築すべき義務を負うのであり、これもまた、取締役としての善管注意義務及び忠実義務の内容をなすものと言うべきである。」と判示されている。
30) 会社法制定に関与した法務省相澤参事官も次のように述べている。「会社法が大会社に要求しているのは、そのような体制（内部統制システム）の整備に係る決定であり、ある種のレベルの体制を整備することではありません。内部統制システムの整備自体は、会社法を待つまでもなく、各社の事情に応じて、業務執行者の善管注意義務の一環として求められるものであり、会社法の施行によりその整備が義務付けられることとなるようなものではありません。業務執行者が善管注意義務の一環として構築していたはずの内部統制システムを引き続き構築・維持していただければよいということです。」
31) 山口拓郎「取締役の善管注意義務・忠実義務（上）―経営判断の原則等」旬刊商事法務1837号32頁。
32) 札幌地判2004年3月26日判例タイムズ1158号196頁。
33) 山口・前掲注31) 33頁。
34) 最判1970年6月24日民集24巻6号625頁。
35) 酒巻・前掲注3) 9頁。
36) 酒巻・前掲注3) 8頁。
37) 塩田親文ほか「取締役の第三者に対する責任」塩田親文・吉川義春編『総合判例研究商法（11)』（有斐閣、1968年）16頁以下、竹内昭夫「代表取締役の業務執行につき監視義務を怠った平取締役は、第三者に対し損害賠償責任を負うか」『判例商法Ⅰ』（弘文堂、1976年）305頁、笠原武朗「監視・監督義務違反に基づく取締役の会社に対する責任について（一)」九大法政研究69巻4号666頁以下。

38) 木村圭二郎「内部統制システムと取締役の法的責任」コンプライアンス研究会編『内部統制の本質と法的責任』（経済産業調査会、2009年）161頁。
39) 山田純子「取締役の監視義務」森本滋・川濱昇・前田雅弘編『龍田教授還暦記念　企業の健全性確保と取締役の責任』（有斐閣、1999年）239頁、笠原武朗「監視・監督義務違反に基づく取締役の会社に対する責任について（二）」九大法政研究70巻1号142頁。
40) 山田・前掲注39) 238頁。
41) 木村・前掲注38) 175頁。
42) 近藤光男「取締役の責任とその救済（二）」法学協会雑誌99巻7号1068頁以下。
43) 最判1973年5月22日民集27巻5号655頁。
44) 安部隆「会社法のもと企業内に確立すべき法令遵守システム」ザ・ローヤーズ3巻9号25頁。
45) 前掲注18)。
46) 江頭憲治郎『株式会社法［第2版］』（有斐閣、2008年）428頁。
47) 木村・前掲注38) 157頁。
48) 最判2000年7月7日民集54巻6号1767頁。
49) 木村・前掲注38) 157頁。
50) 木村・前掲注38) 157頁。
51) 木村・前掲注38) 157頁。
52) 前掲注18)。
53) 木村・前掲注38) 165頁。
54) 中村直人「会社法の下での内部統制の課題」新会社法A2Z17号15頁。
55) 中村・前掲注54) 15頁。
56) 木村・前掲注53)。
57) 会社法施行規則100条1項5号において、「企業集団における内部統制システム構築・運用義務」が明文化されたことによって、それが親会社取締役の子会社管理に関する義務と責任にどのような影響を与えることになるのか、ということに関しては、すでに第1章において述べたところではある（29～38頁）。本章においては、この点に関し、「内部統制システムの法的性質」にさかのぼって、より深く検討をほどこしていこうというものである。
58) 相澤哲ほか編著『論点解説新・会社法——千問の道標』（商事法務、2006年）338頁。
59) 舩津浩司「『グループ経営』の義務と責任（五）—親会社株主保護の視点から」法学協会雑誌125巻8号1838頁。この考え方は、親会社取締役等には子会社等に対する経営管理義務が存在し、特に、親会社の担当役員には「子会社等を監督する義務」が存在するという立場から述べられたものである。具体的には、「会社法施行規則100条1項の取締役の『職務の執行』の中には、『下位会社を監督する義務』の遂行も含まれると考えることができるであろうから、それらに関する『情報の保存および管理に関する体制』の整備も、同条項1号で要求されていると解する余地があると考えられる。同様に、『取締役の職務の執行が効率的に行われることを確保するための体制（同条項3号）』の整備の中には、下位会社の経営管理が効率的に行われるための体制も含まれると考えられる。

さらに、『損失の危険の管理に関する規程その他の体制（同条項2号）』に至っては、下位会社の損害防止を通じて上位会社の資産の減価を防止するという、まさに『下位会社を監督する義務』の中心的な内容をなすものと捉えることができる。」といったように述べられている。

60) 前掲注6)。
61) 後藤啓二『会社法・施行規則が定める内部統制―取締役会・取締役・監査役のための実務対応』（中央経済社、2006年）122頁。
62) ここに記載した施策内容については、株式会社デンソー、アスモ株式会社において実際に行われたものである。
63) 安部・前掲注44) 25頁。
64) 鈴木進一『監査役の役割と監査行動』（商事法務、2007年）271〜273頁。
65) 佐藤孝幸『詳解監査役の実務』（中央経済社、2009年）84頁。

第3章
グループ経営における経営指揮と責任

1　はじめに

　一連の数次の商法改正により、合併手続の簡素・合理化、株式交換・株式移転手続の新設とそれにともなう純粋持株会社の創設、会社分割制度の新設等、企業再編手法が多様化・弾力化され、グループの形成が格段に促進されることとなった。また、新会社法の制定によって、機関設計が多様化・柔軟化され、非公開会社を中心に、取締役会非設置会社や監査役非設置会社も認められるようになった。これによって、非公開会社を含めた多数の子会社を擁する親会社は、より一層効率的なグループ経営の推進が可能となった。

　このような規制緩和を狙いとした企業再編手法や機関設計の多様化も、そしてグループ経営も、ともに企業が競争に打ち勝つための重要な経営戦略であり、その意味では、グループ経営のなかに、多様化した企業再編手法や機関設計をいかに有効に取り込んでいくか、ということがグループをつかさどる親会社取締役のきわめて重要な経営責任であることは論をまたない。

　ところが一方において、純粋持株会社の創設等にともなう株主権の縮減の問題[1]や、それにも関連するが、親会社取締役による不当な支配等、統一的指揮に基づく企業グループの適正な経営の実現という観点からは、多くの課題を残している。[2]

　そしてさらに問題となるのは、「グループ経営における適正な経営の実現」といった場合の、「適正な経営」とはどのような状態をいうのか、企業集団においてはこの点が単体企業の場合と比べて、きわめて複雑な様相を呈している。

　単体企業における「適正な経営」とは、それぞれの会社は、自社の利益増大のために活動を行うことを目的としているという前提のもとに、それぞれの会

社の機関構成員の負う善管注意義務等の義務は、自己が所属する会社の利益の増大に向けて予定されていると解されている[3]。

ところが、このような考え方が、企業集団においても全面的に妥当すると解してよいのかが問題となる[4]。なぜならば、企業集団内においては、親会社、子会社双方において、自社の利益とグループ全体の利益が必ずしも一致しない場合が想定されるからである。このような場合、自社の利益よりも、企業集団の利益を優先すべきという規範が与えられているとすれば、たとえば親会社の取締役は、子会社の取締役に対して、子会社よりもグループ全体のために行動することを要求したとしても、「グループ経営における適正な経営の実現に尽力していない」とまではいえないであろう。

それに対し、企業集団においても、親会社、子会社ともに、自社の利益を優先すべきという単体企業と同様の規範が与えられていたとしよう。この場合において、親会社取締役が子会社取締役に対して、グループ全体のために行動することを要求し、その要求に従った子会社に不利益が発生したとしても、グループ全体として利益があがったとすれば、当該親会社取締役及び子会社取締役は、「グループ経営における適正な経営の実現に尽力していない」とまでいえるのであろうか。

また、親会社取締役がグループ全体の利益のために行動することによって、親会社に不利益が生じることもある。その典型的なケースとしては、経営危機に瀕した子会社救済や子会社清算があげられる。このような経営指揮を行った親会社取締役のグループ経営における責任はどうなるのであろうか。

さらに、企業集団内においては、親会社取締役が子会社役員を兼務することが当然のごとく想定される。このような兼任取締役の場合、「自社の利益」という場合の「自社」とは、親会社・子会社どちらを指すのであろうか。

このようにグループ経営における経営指揮とその責任について論じる場合には、企業集団における親会社および子会社の取締役は、兼任の場合も含めて、グループ全体の利益を優先すべきなのか、自社の利益を優先すべきなのか、という点をまずは明らかにしなければならない。

そして、次に検討しなければならないのは、親会社からの事実上の支配力の

行使を受けた子会社に不利益が発生した場合の子会社の少数株主・債権者の保護の問題である。

　すでに、第1章で述べたものではあるが、親会社取締役による不当な支配力の行使によって、特定の子会社に損害が発生した場合に、当該子会社の少数株主や債権者保護のための実体的規整は、現行法においては存在していない。そこで子会社株主等が親会社取締役に対して直接責任を追及できる法的根拠として、親会社を「事実上の取締役」と解する等[5]、様々な解釈論が展開されている[6]。その一方で、子会社株主等の保護の観点から、明確な立法化を望む声も出ている。

　これらの見解に対し、第1章においては、たとえ子会社株主等の保護のための立法化がなされたとしても、実際にそれらの法制度が行使されるかとなると、それは甚だ困難であるといわざるをえないという実務上の観点から、グループ全体として、いかに健全性を確保していく制度を構築できるか、という視点で検討していくべきであると論じた。すなわち、親会社取締役に子会社に対する不当な支配力を行使させないために、親会社における社外取締役等の導入、親会社監査役を中心とした「グループ監査役会」の運営、グループ全体としての内部通報制度の設置等、主に親会社の側からの抑止・牽制手段を講じ、提言した。

　ここでは、これら以外に、株主権の縮減の問題とも関連させ、グループ経営における適正な経営を実現していくために、親会社および子会社の取締役の経営指揮とその責任はどうあるべきかという観点から、すなわち、企業グループにおけるコーポレート・ガバナンスの向上・確立のために[7]、どのような法整備、どのような運用をしていく必要があるのか、という視点で検討していきたい。

2　企業集団における機関構成員の義務の方向性

1　「自社の利益」を優先すべきか、「企業集団の利益」を優先すべきか

　企業集団における親会社あるいは子会社の取締役は、誰に対して善管注意義務等の義務を負っているのであろうか、すなわち、企業集団における親会社お

よび子会社の取締役は、自社の利益を優先すべきなのであろうか、あるいはグループ全体の利益を優先すべきなのであろうか、まずはこの点を明らかにしておきたい。

　これは、会社法の根本的な指導原理にかかわってくる問題であるが、やはり、それぞれの会社の機関構成員の負う善管注意義務等の義務は、自己が所属する会社の利益の増大に向けて予定されていると考えるべきであろう。[8]なぜならば、会社法の規整は、個々の株式会社ごとに定められており、各会社の機関構成員は、グループ全体との間で委任契約を締結しているわけではなく、それぞれの会社の株主との間で委任契約を取り交わしているからである。したがって、企業集団内においても、親会社取締役は親会社の利益を、子会社取締役は子会社の利益を、それぞれ優先に考えて業務を執行していかなければならないことになる。

　このように考えると、親会社取締役や子会社取締役が自社の利益を犠牲にして、グループ全体の利益を優先するような経営判断を行った場合には、当該取締役は、自社に対する善管注意義務違反を構成することになるはずである。

　ところが、企業集団においては、この問題はそれほど簡単に片付けることはできない。そもそも企業集団を形成し、グループ経営を推進するその動機は何なのであろうか。その最大の理由は、親会社と子会社等、企業集団が協働することによって、単独で行動する場合よりも、大きな利益が企業集団内の各会社に発生することを想定しているからである。[9]

　このことは、グループ経営が時代の潮流となった背景として、世界的規模での企業間競争の激化のなかで、企業が競争に打ち勝つためには、企業単体としてではなく、グループ全体として立ち向かっていかなければならない、ということに各企業が着目していることからも明らかである。

　企業集団として協働するということは、当該企業集団を構成する各会社の取締役も単独で行動するのではなく、協働すべきことが要請されていると考えられる。[10]そして協働していくなかで、たとえば、親会社と子会社の間で利害が一致しない場合も想定されることになる。このような場合、グループ全体の利益を考慮することなく、自社の利益を常に優先すべきであるということまでをも、

会社法は要請しているのであろうか。

これに対しては、持株会社の設立は、「企業集団としての利益の最大化を目指したものである」といった見解も述べられている[11]。このような見解とも関連するが、企業集団内における各会社（特に親会社）の利益と企業集団全体の利益が区別されるのであろうか、ということも考えていく必要がある[12]。

そこで、企業集団内においても、各会社は自社の利益を優先すべきであり、各会社の機関構成員は、それぞれ自社の利益を追求することを義務付けられている[13]ことを前提としたうえで、自社と企業集団全体の利害が一致しないのはどのような場合か、また、そのような状況において、各会社の取締役が、善管注意義務等の義務違反を構成するとしたらそれはどのような場合か、という点に関して、親会社・子会社それぞれ場合に分けて検討していきたい。

2　親会社の場合

親会社の利益と企業集団の利益とは、相反する関係にはないと考えるのが一般的であろう[14]。ところが親会社の利益を犠牲にして、グループ全体の利益を確保できると考えられるケースも存在する。その典型的なケースが、経営危機に瀕した子会社の救済、あるいは、子会社清算の場合である。このような場合、親会社取締役は善管注意義務違反等を構成するのであろうか。まずは子会社救済のケースからみていきたい。

(1) **子会社救済の場合**　親会社取締役が子会社を救済するために、親会社の負担で救済策を講じる場合に、親会社取締役が親会社のために行動したといえるためには、学説においては、親会社が子会社の救済を行う必要性または親会社が子会社救済によって得るメリットが具体的でなければならないとされている[15]。特に、親会社の救済にかかる負担が大きければ大きいほど、親会社にとっての救済の必要性またはメリットが具体的であることが強く要請されている[16]。

したがって、親会社取締役の子会社救済判断が、親会社にとっても必要性またはメリットに基づくものではなく、子会社救済の実際の動機が、子会社の経営の失敗を隠す等の親会社取締役自身の保身、または親会社取締役が将来子会社役員に就任することを意図して、そのために救済するといったような場合に

は、親会社取締役の救済行為は、忠実義務違反等に問われる可能性が高くなる。[17]

一方、子会社等の救済が失敗に終わった場合の親会社等の取締役の経営判断の妥当性、あるいは救済行為自体にかかる親会社等の取締役の経営判断の妥当性が争われた事例において、判例の立場は、「経営判断の原則[18]」を適用し、概ね親会社等の取締役の忠実義務違反・善管注意義務違反を否定している[19]。

これは親子関係が明確であり、かつ事業上の関連性が深い子会社もしくは子会社に準じる合弁会社の救済の場合に限らず、子会社ではなく主力下請業者という事業上の密接な関係にある会社の救済の場合、あるいは事業上の密接な関係にない子会社・系列会社、さらには同一企業グループに属する会社についても、一定の理由をあげて救済行為が忠実義務違反等に該当しないと解している[20]。

そして判断内容においても、親会社取締役の経営判断の妥当性を、善管注意義務等の視点から考察するにあたっては、子会社救済行為が親会社にもたらす危険性がある程度客観的に判断可能であるのに対して、子会社救済にかかる親会社のメリットは、必ずしも客観的評価が容易ではないとの指摘がなされながら[21]、そのことが、親会社取締役の子会社救済行為や救済の失敗に関し、善管注意義務違反と判断される有力な証拠と解されることにはならないとされている[22]。

むしろ、子会社救済にともなう経営判断の困難さは、救済行為が高度な専門的経営判断事項であることを意味すると解され、取締役の経営裁量を認めざるをえない事項であるとして[23]、親会社取締役の経営判断が尊重されている。

ところが、最近になって破綻金融機関に対する救済行為が、善管注意義務や忠実義務に違反するとして、親会社の取締役等の責任を肯定する裁判例も出てくるようになった[24]。

これらの判例においては、救済を実施した場合の損失と救済をしなかった場合の損失を比較して救済の合理性を判断する傾向があり、特に、救済行為を行わない場合の損失を具体的かつ厳密に評価したうえで、親会社の取締役等が子会社救済の意思決定を行うことが重要であるとの判断基準を有しているように

思われる。[25]

　ところがこの基準は、結局のところ、子会社が親会社による救済行為によって再建できるのか、救済をしたとしても再建は不可能なのではないか、といった判断をどのようにして行ったのか、という問題に帰結するのではないであろうか。そうだとすれば、当該基準は、事実の認識に重要かつ不注意な誤りはなかったか、そして意思決定の過程内容が、親会社取締役として不合理、不適切でなかったか、ということを検討するうえでの1つの内容であり、その意味では、まさに「経営判断の原則」を適用させるか否かの判断基準と同じであると考えることができるであろう。

　筆者は、会社法における「株主有限責任の原則」の観点から、親会社取締役が子会社に対する救済行為を行うべきか否かは慎重に決定すべきであると考える。[26]

　また、この株主有限責任の原則を考慮した場合、親会社においては、自社の利益とグループの利益は相反する関係にないと考えるのが一般的ではあるが、あくまで親会社取締役が目指すべきものは、まずは自社の利益でなければならず、グループ全体の利益の確保は、それを踏まえたうえでのものでなければならないであろう。[27]

　(2) **子会社清算の場合**　子会社の経営再建がおぼつかないと判断された場合、親会社の対応としては、子会社の円滑な清算を図るために、親会社の負担で子会社向け債権の放棄、子会社債務の肩代り、または子会社株式の買取り等の措置を講じてきたとされている。[28]

　この子会社清算の場合は、子会社救済の場合と異なり、子会社の清算状況においては、親会社の損失はもはや確定しており、子会社再建による損失回避の可能性を主張することはできない。この状況下において、親会社が子会社の取引先等に救済措置を図ることは、親会社の利益のために行ったといえるのか、という疑問が生じることになる。[29]

　株主有限責任の原則の観点からみると、子会社に対する救済行為が失敗した場合よりも、親会社取締役が責任を免れるための要件は厳しくなるものと思われる。

ところが子会社の清算といっても様々な方法・類型があり、ひとくくりに考えることはできない。たとえば子会社向け債権の放棄や子会社債務の肩代りといった方法での子会社清算であれば、親会社に損失が発生し、その一方において、子会社その他のグループ会社に利益が生じるということは考えづらい。もちろん子会社債務の肩代り等によって親会社に社会的信用が生じることや、債権者の強い要請等の必要性がその背景にある場合も考えられる。

ところが親会社の受けるメリットがあるとしても、それは間接的・抽象的なものにすぎず[30]、むしろ親会社が被る損失が直接的で多額にのぼる点が問題とされている[31]。その意味では親会社の損失は確定しているとみることができる。したがって、このような場合には、子会社清算において親会社取締役が善管注意義務違反等を免れるための要件は、子会社救済の場合よりも厳しくなることが考えられる。

それに対して、グループ再編のように、経営資源をより効果的に活用するための一環として、子会社株式の買取りを行う、といった方法による子会社清算の場合には、必ずしもそのような要件の厳格化はあてはまらないのではないだろうか。

なぜならば、このような子会社清算は企業の競争力強化のためのものであり、不採算子会社の整理・統合により、グループはもちろんのこと、親会社にも新たな利益が創出される可能性も出てくるからである。これはたとえ子会社株式の買取価格が市場価格等と比べてかなり高価であったとしても、同様であると考えることが可能であろう。

このような企業再編の一環としての子会社清算における親会社取締役の善管注意義務違反の有無を検討するにあたって、格好の裁判例が生じることとなった。この裁判例とは、2010（平成22）年7月15日の最高裁判決、いわゆる「アパマンショップ株主代表訴訟事件」である[32]。事件の内容に関しては、詳細は割愛するが、本章の見解にも重要な影響を及ぼす事件であるため、その概要を簡単に記しておきたい。

持株会社であるアパマンショップホールディングス（以下「Z会社」という）は、機動的なグループ経営を図り、グループの競争力強化を実現するために、関連

会社の統合・再編を進めていた。その一環として、1つの関連会社（以下「A会社」という）を別の完全子会社（以下「B会社」という）と合併させ、当該合併会社に不動産賃貸管理業務等を含む主要事業を担わせることとした。そしてA会社をB会社と合併する前に、完全子会社化する必要があると考え、そのための手段として、A会社の株主から任意で株式を買い取るという方法を選択した（完全子会社化の手段として株式交換という方法を用いずに、株式の買取りという任意の方法を選択したのは、Z会社の円滑な事業遂行を図る観点であったとされている）。この株式の買取価格として、払込金額である5万円が算定され（なお、A会社の株式の評価額は、1つの評価方法においては、1株9709円と算定されていた）、同金額で3160株を総額15800万円で買い取った。この株式取得価額が高額にすぎるということで、この決定・実行を行ったZ会社の取締役は、善管注意義務に違反しているとのZ会社株主の主張により、株主代表訴訟が提起されたものである[33]。

　この事案における最高裁の見解は、原審判決を破棄・自判して、Z会社の取締役には会社に対する善管注意義務違反はないとの判決を下している。この判決に関しては様々な見解が出されているが、「経営判断の原則」との関係から、経営者の経営判断が尊重され、裁判所による吟味・介入は、例外的な場合に限定されるとした最高裁の判断は、概ね好意的に捉えられているといえるであろう[34]。

　なぜなら当該事件においては、判決に示されているとおり、Z会社が子会社の株式買取価格を決定するにあたり、Z会社およびその傘下のグループ企業各社の全般的な経営方針等を協議する機関である経営会議においてそれが検討されていること、また、その検討を行うにあたって弁護士の意見も聴取されていること等、株式買取価格を決定するにあたり、適切な手続が履践されているからである。

　その意味では、当該事案においては、経営行為を決定するにあたっての過程およびその内容において、経営者の経営判断に著しい不注意や著しい不合理があったとまではいえないであろう。また、Z会社と対立して訴訟にも発展している株主が存在し、当該株主は5万円でも買取りには応じないという事情が存在しており、他の株主に対して不用意に5万円より低い価格で交渉を開始すれ

ば、他の株主からの反発を招き、再編計画が円滑に進まなくなるといった事態も考えられていた[35]。そういった意味では、子会社株式の買取価格を 5 万円に設定する必要性も認められるであろう。

このように考えた場合、Z会社取締役の善管注意義務違反を否定した本件最高裁判決は的を射たものであるといえるであろう。ただし、子会社清算が債務の肩代わりや債権放棄をともなう事案であったならば、果たして同様の判断が下されたであろうか。グループ再編という新たな利益を創出する可能性のある事案であったからこそ、すんなりと「経営上の合理的判断がなされた」と認定されたものと考えられる。

子会社債務の肩代わりや子会社に対する債権放棄にともない、親会社に新たな利益が創出される可能性がきわめて少ない、あるいは新たな利益が創出されたとしても、それを上回る直接的な損害が親会社に発生し、他のグループ会社にも代替的な利益が生じないことが明らかであったといった場合には、合理的な経営判断がなされたとは認められず、親会社の取締役に善管注意義務違反があったと認定される可能性は多分に存在したであろう。

ところが、債務の肩代わりや債権放棄といった親会社に直接的な損害が生じる可能性がきわめて高く、その一方で代替的なものも含めて、親会社に利益が生じない、あるいは生じたとしても間接的・抽象的であることが明らかな場合であれば、親会社取締役が善管注意義務違反等を免れるための要件が当然に厳しくなるかというと、必ずしもそうとは言い切れないであろう。

たとえば子会社債権者から債務の肩代わり等を強く要請された場合などにおいても、当該要請に応じることが合理的な経営判断であると考えられる局面も出てくるはずである。もちろん単に子会社債権者に要請されたというだけで、当該行為を行った親会社取締役が責任を免れることにはならないであろう。ところが子会社債務の肩代わりを求めてきた子会社債権者が、親会社あるいは他のグループ会社にとっても重要な顧客であり、当該顧客との良好な関係を今後も続けていく必要性が高いような場合であれば、当該顧客の求めに応じて、債務の肩代わり等を行った親会社取締役の経営判断は尊重されてしかるべきである。

この点に関し、破産管財人の求めに応じて債権放棄を決断した取締役の忠実

義務違反を否定した判例が注目される[36]。この事案においては、子会社の法的整理において最大債権者であった親会社に対して、破産管財人が一般債権者の配当比率をあげるために破産債権の放棄を求めることは、「わが国の経済社会の意識に適合する」ことを根拠に、債権放棄を決断した親会社取締役の忠実義務違反が否定されている[37]。

すなわち、破産管財人という公的な立場に立つ者からの合理的要請が親会社になされたということが、親会社取締役の責任を否定する重要な要素となっている[38]。

前述の親会社にとっても重要な債権者とは、公的な立場に立つ者ではないとしても、当該債権者がたとえば金融機関であり、親会社を含めグループ全体が融資を受けているような状況においては、当該債権者の要請に応じて、子会社の債務を肩代りする場合においても、やはり「わが国の経済社会の意識に適合する」といえるであろう。

(3) 小　括　以上の検討により、親会社取締役が、子会社救済や子会社清算によって自社に損害を与えた場合において、当該取締役が善管注意義務違反や忠実義務違反を免れるための要件としては、次のように考えられる。

子会社救済、子会社清算を問わず、それを実践することによって、たとえ親会社に損失が発生することがかなりの蓋然性を有している場合であったとしても、それによって親会社に新たな利益が創出される可能性が想定される場合には、親会社の取締役の経営判断が尊重されることになる。すなわち、親会社取締役は、その経営判断を行うにあたって著しい不注意や著しい不合理がない限り、善管注意義務違反、忠実義務違反は問われないということになるであろう。ここでの親会社に生じる新たな利益とは、親会社自身に限らず、子会社あるいは他のグループ会社に利益が生じる場合も含まれる。

なぜならば、親会社の場合には、親会社に直接的な利益が生じなくても、子会社に利益が生じている限り、保有する子会社株式の価値の増大を通じて、親会社の利益となって反映される。また、親会社に直接的な損失が生じる場合であっても、当該損失を補って余りある保有株式の価値の増大がある場合には、当該行為が要請されうる場合も考えられるからである[39]。

一方、親会社に損害が発生する蓋然性が高く、将来的、代替的に考えても、親会社に新たな利益が創出される可能性がない、あるいはその可能性がきわめて低い場合には、さらに2つに分けて考える必要が出てくる。すなわち、当該行為を行うことが、わが国の経済社会の意識に適合する場合には、親会社に新たな利益が創出される可能性がある場合と同様に、原則的には、取締役の経営判断が尊重され、善管注意義務違反等を問われる場合としては例外的な局面に限定されることになると考えられる。

　それに対し、公的立場に立つ者からの要請等、わが国の経済社会の意識に適合するという状況が考えられないような場合には、親会社取締役が善管注意義務違反等を免れるための要件は厳格となるであろう。

　以上のようにある経営行為に対して、親会社取締役に善管注意義務違反が認定されるか否かを検討するにあたっては、2つの場合に分けて考える必要があるが、いずれの場合においても、親会社取締役の経営判断が尊重されるための前提として、次の2つの要件が充足されていることが必要となる。

　1つは、取締役がその経営判断をなすにあたって、経営者の常識に従い、それが会社の最善の利益（株主共同の長期的利益）に適うものと誠実に確信して決定したものであること、そしてもう1つは、当該経営判断が適法なものであるということである。[40]

3　子会社の場合

　企業集団における親会社の取締役と同様に、子会社の取締役も自社、すなわち子会社自身の利益を追求することが義務付けられている。なぜならば子会社の取締役は、子会社である会社との間で委任契約を締結しているからである。

　ところが子会社も企業集団の一員として、親会社あるいは他のグループ内企業との間で協働を行っていくなかで、自社と企業集団全体の利害が一致しない場合も当然に出てくることになる。否、親会社の利害とグループ全体の利害は、一般的には相反しないと考えられているが、それに対し子会社の場合は、親会社の事実上の支配力を背景として、むしろ利害が一致しない場合が発生する可能性が高いと考えられる。

このような場合、具体的には、子会社に直接的な利益が生じなくても、あるいは子会社に損失が生じたとしても、親会社または他のグループ会社に利益が生じた場合には、最終的には子会社の利益につながるという場合がありうるのであろうか。

繰り返しになるが、親会社の場合には、親会社に直接的な利益が生じなくても、子会社に利益が生じている限り、保有する子会社株式の価値の増大を通じて、親会社の利益となって反映される。また、親会社に直接的な損失が生じる場合であっても、当該損失を補って余りある保有株式の価値の増大がある場合には、当該行為が要請される場合もありうるであろう[41]。

ところが、子会社の場合には、親会社の場合と異なり、自社である子会社以外の主体（親会社あるいは他のグループ内企業）の利益を追求することによって、自社の利益が増大するということは考えられないであろう[42]。そうなると、子会社の取締役が自社である子会社以外の親会社等の利益を追求するために行う経営行為は、善管注意義務違反を構成するということになるはずである。このことは子会社の少数株主、すなわち親会社以外の子会社株主保護の視点からも肯定される。

したがって、子会社取締役は、親会社と協働していくなかで自社と利害が対立する場合には、まずは子会社の利益を優先した経営行為を実践していかなければならないことになる。

ところがこのような結論を導くにあたっては、2つの大きな問題点が浮かび上がってくることになる。1つは、子会社の取締役の選解任権は親会社がもっており、子会社取締役は、常に親会社の意向を配慮しつつ行動しなければならないということである[43]。すなわち、親会社は子会社に対し事実上の支配力を有し、子会社取締役は、その支配力による影響を受けながら、子会社のために行動しなければならないということである。

もう1つの問題点は、仮に、子会社が独立性を有し、子会社取締役の独自の判断において経営行為を実践できる環境にあった場合、当該子会社取締役の経営行為に何らかの問題があったとしても、親会社取締役は、親子会社間の人的な関係があるために、当該子会社取締役の責任追及を懈怠するのではないか、

という懸念である[44]。

そして、親会社取締役が子会社取締役の責任追及を懈怠した場合に、親会社の株主が、子会社取締役の責任を追及する制度（多重代表訴訟）は、現行法上は認められていない。

これらの問題点に対し、立法論も含め、どのような解決策が考えられるのであろうか。

まず1つめの問題点である親会社の事実上の支配力への配慮が不可欠な状況において、子会社取締役は自社の利益のために行動しなければならないという点に関しては、本来、子会社の取締役は、どのような責任を負うべきなのか、ということをまず確定することが重要であろう[45]。このことはとりもなおさず、親会社取締役の子会社に対する指揮権とそれに基づく具体的指図権を認めるべきである、という議論と一対にして考えていかなければならない問題である。ただし、親会社取締役の子会社に対する指揮権と具体的指図権を明文化した場合には、子会社の独立性、すなわち子会社に対する大幅な権限委譲に基づく円滑なグループ経営が阻害されるという重大な問題が生じることになる。そこで、グループの実体を考慮して、親会社取締役に子会社に対する指揮権等を付与するか否かは、各グループにおいて判断することとし、それを定款に反映させるという、いわゆる定款自治に委ねるという方法も検討されるべきであろう。

また、2つめの問題点である子会社取締役に対する責任追及の方途に関しては、多重代表訴訟制度を導入すべきか否かという議論と深くかかわってくることになる。この多重代表訴訟制度に関しては、別の章にて取り上げて検討することとしたい。

4　兼任の場合

企業集団内における各会社は、あくまで自社の利益を優先すべきであり、各会社の取締役は、自社の利益を追求することを義務付けられている。そして、親会社取締役は、たとえ親会社に損失が生じているとしても、子会社にそれに代わる利益が生じている限り、親会社の利益となって反映される。したがって親会社取締役の経営判断によって、親会社に直接的な損失が生じたとしても、

それだけで親会社取締役は善管注意義務違反等の義務を構成し、責任を負うというわけではない。一方、子会社の場合は、子会社に損失が生じたとしてもそれによって親会社等に利益が生じるという関係にはなっていない。したがって子会社取締役が子会社を犠牲にして、親会社の利益を生じさせるような経営判断を行った場合には、善管注意義務違反等に基づき責任を負うことになる、等々について検討してきた。

ところが、企業集団内においては、その頂点に立つ親会社の取締役が、傘下に属する子会社の役員を兼任している場合が多々ある。このような場合、すなわち、親会社の取締役が子会社の役員を兼任している場合、当該取締役は、親会社・子会社どちらの利益を優先すべきなのであろうか。当該取締役は、親会社との間で委任契約を締結しているだけではなく、子会社との間でも委任契約を締結していることから問題となる。

親子会社間で取引が行われた場合はもちろんのこと、親会社が子会社のために、あるいは子会社が親会社のために、第三者との間で取引を行う場合を含めて、当該取引によって親会社に損失が生じた場合、または子会社に損失が生じた場合、それぞれに場合分けして検討していきたい。

(1) **兼任取締役の経営判断によって親会社に損失が生じた場合**　ここで問題となる局面としては、親会社に損失が発生し、子会社にも利益が生じていない場合である。

この場面において、親会社に損失が発生することがかなりの蓋然性をもって予測されたとしても、それによって子会社に利益が生じる等、親会社に新たな利益が創出されることが想定されていた、あるいは、親会社に新たな利益が創出される可能性に関しては、将来的・代替的に考えてもきわめて低い場合であったとしても、当該行為をなすことが、公的立場に立つ者からの要請等わが国の経済社会の意識に適合していた、こういった場合においては、兼任取締役は、親会社の取締役としての立場であっても子会社の取締役の立場であっても、ともに善管注意義務違反等に基づいた責任を負う可能性は低いと考えられる。

ところが、それ以外の場合、すなわち元々親会社に損失が生じる蓋然性が高く、それに代わる子会社の利益等、親会社に新たな利益が創出される可能性も

低く、取締役が行った経営判断が、わが国の経済社会の意識にも適合していたとは考えられないような場合においては、当該取締役は、親会社の取締役として、善管注意義務違反等を免れるための条件は厳しくなるであろう。このような場合においては、当該取締役は、親会社の株主から代表訴訟によって責任を追及されるということになる。

(2) **兼任取締役の経営判断によって子会社に損失が生じた場合** 子会社の場合は、親会社の場合と異なり、自社である子会社以外の主体（親会社あるいは他のグループ内企業）の利益を追求することによって、自社の利益が増大されるということは考えられない[46]。したがって兼任取締役が、子会社の利益を犠牲にして、親会社等の利益を優先させるといった経営判断を行った場合には、当該取締役は、子会社の取締役の立場として、子会社に対する善管注意義務違反等を構成することになる。このような場合には、当該取締役は、子会社の株主から代表訴訟によって責任を追及されることになるであろう。したがって、子会社に少数株主が存在する場合には、当該少数株主は、子会社の利益を犠牲にした当該子会社取締役の責任を追及することによって、損害の回復を図ることが可能となる。また、当該子会社が親会社の完全子会社である場合には、親会社取締役が、当該子会社取締役の責任を追及することが可能となる。

一方、親会社の事実上の支配力にともない、子会社取締役としてはやむをえず親会社の利益を優先した経営判断を行う場合も考えられる。ところが、兼任の場合には、事実上の支配力を行使した親会社取締役と、それに応じた子会社取締役が同一人物であるため、この点は特に問題なく、当該子会社取締役の責任追及が可能となってくる。ただし、完全親子会社の場合には、親子会社間の人的関係により、親会社が当該子会社取締役の責任追及を懈怠するという恐れが出てくる。

このような状況を想定した場合、やはり、親会社株主による当該子会社取締役の責任を追及する方途が必要となってくるであろう。

3 グループ企業の経営責任を検討するうえでの基本的考え方

　親子関係の会社間においては、実質的には、親会社の取締役および取締役会における意思決定が、下位に存在する各子会社に貫かれるというかたちで、事実上の支配力たる政策決定力が及んでいるのが一般的である。

　このような統一的指揮に基づく企業グループにおける適正な経営を実現していくためには、株主権の縮減の問題とも関連するが、事前に親会社株主の意思を反映するしくみが必要となってくる[47]。このことから親会社における株主総会の権限強化の必要性が議論されている。具体的には、早稲田大学グローバルCOEの「『公開会社法要綱案』（第11案）の概要　補正版」あるいは民主党公開会社法プロジェクトチームの「公開会社法（仮称）制定に向けて」等において、子会社の重要な意思決定に関しては、重ねて親会社の株主総会で承認を要する旨の規定などを明文化すべきであるとして、これら制度の導入に積極的な姿勢が示されている[48]。

　ところが親会社株主を親会社総会の権限強化によって保護するという考え方は、ガバナンスの実効性という視点からみた場合、限界があるのではないかと考えられる。その根拠としては、まずは経済状況の変化があげられる。すなわち、意思決定の迅速性が求められるグローバル化した経済状況を考慮した場合、原則として、年に1回しか開催されない総会に意思決定を委ねることは、非現実的であるといわざるをえない[49]。

　もう1つの根拠としては、株主総会の意思決定が、一株一議決権の原則に基づく資本多数決によって行われている限り、それは常に支配的多数派株主の意思であるにすぎず、少数派株主の意思は排除され続けることになるからである[50]。これでは親会社総会の権限を強化しても、少数株主の保護としては弱いといわざるをえない。

　このように考えた場合、統一的指揮に基づく企業グループの適正な経営を実現していくという観点から、次に検討されなければならないのが、取締役の経営行為の公正を確保するためのしくみの制度的な整備であろう[51]。

取締役の経営行為の公正を確保するためには、違法行為をした親会社取締役およびグループ内の取締役の責任を追及するための制度を整備する必要がある。この一環として、多重代表訴訟制度を導入すべきとの議論が活発化していることは前述のとおりである。

　また、翻って考えてみると、取締役の経営行為の公正を確保するためには、取締役の経営行為を事前事後にわたって牽制し、場合によっては、すなわち、代表取締役を含めた取締役が善管注意義務等に反するような行為をした場合には、当該取締役の意思とは無関係に、当該取締役の地位を失わせることのできるしくみが何よりも必要なのではないだろうか。そのためにはどのような機関設計が必要であり、また、どのような法制度を整備しなければならないのであろうか、次章においてその点に関し、詳細に検討していきたい。

1）　「株主権の縮減」とは、株式交換・株式移転による持株会社化等により、持株会社や親会社の株主にとって、その株式価値に大きな影響をもつ子会社の事業活動の管理・監督や調査を行うことができなくなることをいうとされている（那須野太「企業関連法制度の重点課題」旬刊商事法務1920号68頁）。
2）　酒巻俊雄「企業再編と親子会社統治機構の課題」酒巻俊雄・志村治美編『中村一彦古稀記念　現代企業法の理論と課題』（信山社、2002年）23～24頁。
3）　江頭憲治郎『株式会社法［初版］』（有斐閣、2006年）19頁。
4）　舩津浩司「『グループ経営』の義務と責任（一）」法学協会雑誌125巻2号225頁。
5）　本書第1章20頁。
6）　本書第1章21頁。
7）　酒巻俊雄「会社法における内部統制の概要と検討課題」宝印刷株式会社総合ディスクロージャー研究所編『内部統制制度の運用と課題』（中央経済社、2009年）5頁。
8）　舩津・前掲注4）275頁。
9）　舩津・前掲注4）280頁。
10）　舩津・前掲注4）280頁。
11）　高橋均「完全親子会社形態における完全子会社取締役の責任の追及のあり方」旬刊商事法務1793号26頁。
12）　舩津・前掲注4）287頁。
13）　舩津・前掲注8）275頁。
14）　舩津・前掲注4）278頁。
15）　中村直人「代表訴訟と子会社救済」JICPA448号47頁、手塚裕之「子会社・グループ会社救済と取締役の責任」別冊商事法務172号18～19頁等々。
16）　志谷匡史「親子会社と取締役の責任」小林秀之・近藤光男編『新版　株主代表訴訟大系』

（弘文堂、2002年）144～145頁。
17) 近藤光男「金融支援と取締役の責任」金融法務事情1424号8頁。
18) 吉原和志「取締役の経営判断と株主代表訴訟」小林秀之・近藤光男編『新版　株主代表訴訟大系』（弘文堂、2002年）80頁。
19) 志谷・前掲注16）144頁。
20) 具体的な事件の概要と判決内容は以下のとおり。なお、事件の概要に関しては、志谷・前掲注16）142～144頁を参照した。
　① 福岡高判1980年10月8日高民33巻4号341頁
　　　親会社取締役が経営破綻に瀕した子会社に対して救済融資を実施したが、結局子会社は倒産し、子会社に対する融資の大部分が回収できなかった事案である。この事案において、子会社に救済融資を行った親会社取締役の忠実義務違反は認められなかった。忠実義務違反が否定された根拠としては、救済融資を決定し、それを実行した取締役は、親会社の利益のために行動したという事実認定によるものだとされている。
　② 東京地判1996年2月8日資料版商事法務144号111頁
　　　親会社の事業と密接な関連性を有する海外合弁会社の救済融資をした本事案においては、もし合弁会社を救済せずに倒産に至らせれば、親会社の今後の海外事業の展開に深刻な悪影響が予想されたことが、親会社取締役の救済判断の重要な要素であったと認定して、取締役が自己または第三者の利益のために救済を決定したと疑うべき根拠がない旨判示し、救済策として合弁会社から持株をすべて買い取る等の行為をなした取締役の忠実義務違反を否定した。
　③ 大阪高判1986年11月25日判例時報1229号144頁
　　　経営破綻に瀕した主力下請業者の救済が結局失敗した本事案においては、救済融資が一部会社関係者のためになされたものではなく、会社の経営方針に基づくものであり、競合他社との関係および将来的展望に立って融資が継続されたとうかがわれるという事実認定に基づき、取締役の忠実義務違反が否定された。
　④ 名古屋地判1995年9月22日資料版商事法務139号208頁
　　　銀行による系列ノンバンク救済に関する本事案においても、取締役の忠実義務違反の成否について、(1)当該ノンバンクが銀行の系列会社であることが取引社会一般の認識となっていたこと、(2)行政当局により、系列ノンバンクは母体行によって全面的支援を行うよう、指導がなされていたこと、(3)当該ノンバンクの経営破綻が、銀行の当該ノンバンク向け既存融資の貸倒れを招き、銀行に多額の損失を及ぼす危険性があったこと、(4)当該ノンバンクの経営破綻が金融システム崩壊の契機になりかねない状況にあったこと、以上の事実認定に基づき、忠実義務違反の前提となる自己の利益を図る意図が存在したとは容易には認められず、第三者の利益を図る意図が存在したとも認めがたい旨判示された。
　⑤ 東京地判1986年10月30日判例タイムズ654号231頁
　　　同一企業グループに属する2社間の救済融資等に関し、両者間の資本関係および事業上の関連性に特に言及することなく、同一グループ内の関連会社として共存共栄を図るべき間柄であったことが、救済融資等を実行した取締役の忠実義務違反を否定す

る根拠の1つとされた。
21) 中村・前掲注15) 47頁。手塚・前掲注15) 18～19頁。
22) 志谷・前掲注16) 148頁。
23) 志谷・前掲注16) 148～149頁。
24) 東京高判1996年12月11日資料版商事法務161号167頁（東京都観光汽船事件）、大阪地判2002年3月27日判例タイムズ1119号194頁（なみはや銀行事件）、東京地判2002年4月25日判例時報1793号140頁（長銀初島事件）。
25) 澤口実『新しい役員責任の実務―最近10年間の裁判例の分析』（商事法務、2005年）78頁。
26) 舩津・前掲注4) 289頁。
27) 舩津・前掲注4) 278頁。
28) 手塚・前掲注15) 27頁。
29) 志谷・前掲注16) 149頁。
30) 志谷・前掲注16) 150頁。
31) 中村・前掲注15) 48頁。手塚・前掲注15) 28～29頁。
32) 資料版商事法務316号157頁、金融・商事判例1347号12頁。
33) 事件の概要に関しては、落合誠一「アパマンショップ株主代表訴訟最高裁判決の意義」旬刊商事法務1913号4～5頁を参照した。なお、本事件は、第一審判決においては、被告であるアパマンショップホールディングス（以下「Z会社」という）の取締役の善管注意義務違反を否定して、Z会社の株主の請求を棄却したのに対し、その控訴審判決である原判決においては、Z会社取締役の善管注意義務違反を肯定して第一審判決を取り消し、原告株主の請求を一部認容した。それに対し、Z会社取締役が上告し、その上告審判決である本判決においては、原判決を破棄・自判して、原告株主の請求を棄却した第一審判決に対する原告株主の控訴を棄却した。
34) 落合誠一先生は、前掲注33)「アパマンショップ株主代表訴訟最高裁判決の意義」の中（6～7頁）で、非上場会社の株式取得の事案においては、取引マーケットが存在しないため、本来的にその価格の算定は難しく、ピンポイントで決められないこと、また、会社が経営政策上の必要から非上場会社の株式を取得する場合においては、一般的には企図される経営政策との重要性との見合いにおいて会社の支出として許容される取得価格の範囲が定まる関係にある、と述べたうえで、次の理由から、本最高裁判決は、先行判例の流れに沿う判断であり、妥当なものといえる、と評している。
「原審判決は、交通事故の運転手の注意義務違反の有無を判断する場合にきわめて近い態度をもって本件取締役らの注意義務違反の有無を判断しているのに対して、本最高裁判決および第1審判決は、経営者の経営判断についての注意義務の判断は、非経営者の判断に関する注意義務判断とは大きく異なることを明確かつ十分に意識しており、経営者の判断に対する裁判所の吟味・介入に抑制的な態度をとっている。すなわち、本最高裁判決は、経営者の経営判断には、一般の注意義務判断の場合と異なり、経営判断原則の適用があるから、原則的に経営者の経営判断は尊重されることになり、裁判所による吟味・介入は例外的な場合に限定されるとしているのである。」

35) 落合・前掲注33) 7頁。
36) 東京地判1995年10月26日資料版商事法務140号190頁。
37) 志谷・前掲注16) 150頁。
38) 志谷・前掲注16) 150頁。
39) 舩津・前掲注4) 281頁。
40) 落合・前掲注33) 11頁。
41) 舩津・前掲注39) 281頁。
42) 舩津・前掲注4) 281～282頁。
43) 北村雅史＝加藤貴仁＝北川浩＝三苫裕座談会「親子会社の運営と会社法（下）」旬刊商事法務1922号53頁［加藤発言］。
44) 北村＝加藤＝北川＝三苫・前掲注43) 53頁［加藤発言］。
45) 北村＝加藤＝北川＝三苫・前掲注43) 53頁［加藤発言］。
46) 舩津・前掲注42) 281～282頁。
47) 酒巻・前掲注2) 24頁。
48) 早稲田大学グローバルCOEの「『公開会社法要綱案』（第11案）の概要　補正版」では、「重要な子会社における重要財産の処分、支配の移動をともなう新株発行、企業再編等については、親会社における株主総会の承認を要する」とあり、民主党公開会社法プロジェクトチームの「公開会社法（仮称）制定に向けて」においては、「子会社の重要な意思決定は、親会社の株主総会で承認を要する」としている。
49) 舩津・前掲注4) 242頁。
50) 新山雄三「監査役（会）制度の過去・現在・そして未来—コーポレート・ガバナンスにおける監査役（会）制度の意義（下）」月刊監査役558号65頁。
51) 酒巻・前掲注2) 24頁。

第4章
グループ経営における監査役監査

1　はじめに

　統一的指揮に基づく企業グループの適正な経営を実現するという観点からは、取締役の経営行為の公正を確保するしくみの制度的な整備が必要となる。また、取締役の経営行為の公正を確保するためには、違法行為をした親会社取締役およびグループ内企業の取締役の責任を追及するための制度も整備する必要がある。ところがそれ以上に重要なことは、取締役の経営行為を事前事後にわたって牽制し、代表取締役を含めた取締役が善管注意義務等に反するような行為をした場合には、当該取締役の意思とは無関係に、当該取締役の地位を失わせることのできるしくみを構築することであろう。

　その役割を担い、現行法上もそれに適った権限が与えられているのは、監査役（会）設置会社においては監査役であろう。監査役は、取締役から独立した存在として、取締役の業務執行を監査するという役割を有し、それにともなって監査・監督のための様々な権限が与えられている。具体的には、通常の経営行為については、事業報告請求および業務・財産状況調査権（会社法381条1項）等監査のための様々な権限が認められており、また、監督是正のための権限としては、取締役の違法行為に対する差止請求権（同法385条）や違法行為をした取締役に対する会社の訴訟代表権等が認められており、これに加えて、親会社監査役の場合には、子会社に対する事業報告請求権や業務・財産状況調査権（子会社調査権）が認められている。[1]

　そして次節で詳しく述べるが、数次にわたる商法改正は、まさに監査役の権限強化に向けての歴史といっても過言ではなく、わが国のコーポレート・ガバナンスの向上は、監査役制度の強化を主眼として企図されたものであることは

明白である。[2]

　このように単独企業におけるコーポレート・ガバナンスの向上策に大きく関与している監査役制度が、企業グループのコーポレート・ガバナンスに無関係であるとは到底考えられない。むしろ子会社調査権等が明文化されている点等を考慮すれば、すでに第2章7において検討したとおり、その重要性は、企業集団においてもますますクローズアップされるであろう。[3]

　ついては、まずはコーポレート・ガバナンス向上に向けた監査役制度の位置づけを明確にすべく、数次の商法改正における監査役制度強化の歴史を今一度整理したうえで、取締役の経営行為の公正を確保するために、監査役制度に求められる「あるべき姿」について考えてみたい。そのうえで、次に企業グループにおける適正な経営を実現するにあたっての監査役制度の「あるべき姿」とはどのようなものなのかに関しても検討していきたい。

2　法改正にみる監査役制度強化の歴史と現実との乖離

1　監査役制度強化に向けた商法改正の歴史

　わが国のコーポレート・ガバナンス向上策は、監査役制度の強化と密接に連動している。法改正にみる監査役制度強化の歴史を簡単に振り返ってみることとする。

　まず、1974 (昭和49) 年商法改正において、監査役の業務監査権が復活した。次に、1981 (昭和56) 年商法改正において、大会社について、複数監査役制度および常勤監査役制度が導入された。[4] そして、1993 (平成5) 年商法改正において、監査役の任期は3年とされ、大会社については、監査役の員数は3名以上とされ、その内1名は、社外監査役であることが要求された。[5] このように社外監査役制度が導入されるとともに、監査役会制度もこの改正において、初めて導入されることとなった。[6]

　さらに2001 (平成13) 年商法改正においては、監査役の任期が4年に伸長され、大会社については3名以上の監査役のうち、社外監査役の員数は半数以上とされた。そして社外監査役の社外性の要件も厳格化されることとなった。[7]

このように2001(平成13)年商法改正までのコーポレート・ガバナンス向上策は、主として、監査役制度の強化を通じて実現されてきている。[8]

ところが、わが国のコーポレート・ガバナンスの向上に監査役制度は機能していないという批判が後を絶たない。実際、チェック機能が働かず取締役の暴走による企業不祥事は繰り返し発生している。また監査役制度の強化の中の大きな柱である「社外監査役」という制度そのものにも、学説上疑問を呈する声もあがっている。[9]

このような実務界、学説の疑問を背景として、コーポレート・ガバナンス向上策から監査役制度を廃棄しようとする動きが、法制度面からも、運用面からも現れるようになってきた。

法制度面からは、2002(平成14)年商法改正による「委員会設置会社(当時の名称は「委員会等設置会社)制度」の導入であり、現在法制審議会会社法制部会では、「監査・監督委員会(仮称)制度」の新設案等が提言されている。[10]

また、監査役制度を廃棄しようというものではないが、「社外取締役制度の義務化」の議論が活発化しており、[11]運用面においても、東京証券取引所が上場規則により、「独立役員の1名以上の確保及びその開示」を義務付けることになった。[12]これらの動きも、やはりコーポレート・ガバナンス向上に関する監査役制度の無機能化、監査役制度に対する不信感が根底にあるからであろう。

2　監査役制度が機能していないと批判されている理由

これらの制度の長所短所に関する検討については割愛するが、わが国のコーポレート・ガバナンスの向上に関して、監査役制度の無機能化がなぜ叫ばれているのであろうか。それについては、監査役制度に対する意識・実態の両面から検討していかなければならない。

まず意識の面であるが、著者が長年勤めた企業において、監査役というと、「閑散役」、「取締役からの横滑り監査役」、「上がりのポスト」等々の揶揄がなされていた。近年はそのような揶揄もなくなってきたようには思われるが、少なくともこれらの表現から想像されることは、監査役が取締役を監視・監督する、あるいは監査役と取締役が対等の関係にあるという意識は、監査役自身に

も希薄だったのであろう。

　このことは、企業内において代表取締役を含めた取締役も、そして監査役自身もが、取締役の業務執行を純粋に監視ないし監査するという監査役制度の本来的任務を自覚的に捉えておらず、そして純粋な業務監査機関としての監査役制度の役割が正しく理解されていなかったということであろう[13]。

　また実態面からみると、監査役が前述のような意識とは異なり、監査役制度の本来的任務と役割を認識していたとしても、純粋な業務監査を行いたくてもできないという状況に置かれていたということが考えられる。

　その理由としては様々な指摘がなされているが、その主なものとして、監査役は、実質上代表取締役の人事権によって決められているという実情が大きいであろう[14]。すなわち、法が予定した本来の純粋な業務監査機関としての監査役制度を有効に機能させ、単独企業だけではなく、企業グループにおける適正な経営行為を全うさせるためには、まず、監査する者がされる者によって、事実上選任されているという不合理が是正されなければならないという指摘である[15]。

　確かに、監査役候補者の選定が、現実的には業務執行機関の長である代表取締役社長の裁量に委ねられているということが、監査役が業務執行機関とは制度的に独立しているにもかかわらず、監査の実があがらず、無機能化批判にさらされることになった大きな要因の1つと考えられる[16]。

　それでは、単独企業および企業集団を問わず、監査役が純粋な業務監査機関として実効的な監査を行い、もって業務執行機関を牽制し、適正な経営を実現していくためには、法が本来予定している業務執行機関からの独立性が名実ともに確保されなければならないと想定した場合、そのためにはどのような制度が用意されなければならないのであろうか、まずはこの点に関して検討を試みたい。

3　監査役による業務執行機関からの独立性を確保するための制度的検討とその問題点

　監査役による業務執行機関からの独立性を確保しようと思えば、まずは選任

段階における独立性が確保されなければならない。

　選任段階における独立性の確保に関しては、すでに現行法上、取締役が監査役選任に関する議案を株主総会に提出するには、監査役の同意を得なければならないとされており（会社法343条1項）、また監査役は、取締役に対し、監査役の選任を株主総会の目的とすることまたは監査役選任に関する議案を株主総会に提出することを請求できるとなっている（同条2項）。

　これら現行の規定に加えて、取締役選任に際しての累積投票制度のような、ある種の比例代表制を採用することによって、少数派株主の代表を監査機関として送り込むという対応をとるべきであるという指摘もなされている。親会社であれ、子会社であれ、少数派株主は、一株一議決権の原則に基づく資本多数決によって株主総会の意思決定がなされる以上、少数派株主が意思決定に関与することは困難である。ところが、この方策であると、少数派株主の意思を経営のあり方に反映させることは可能となる。

　また、監査役の独立性を確保するためには、監査業務を行っていくうえでの人事・報酬面での独立性を確保するための方策も必要であろう。特に、企業集団における子会社においては、監査役は1人であることが多く、人事・報酬面での独立性を確保することはきわめて困難である。そこで親会社の監査役会において、子会社も含めて監査役および会計監査人に関する監査関係人事の一切を担うこととすべきであるとの指摘がなされている。

　このように、監査役の独立性を確保するためには、選任段階、そして人事・報酬面において現行の制度を一歩進めた法整備が必要であるとされている。

　ところが、ここで1つの素朴な疑問が浮かび上がってくることになる。それは、このように選任段階、人事・報酬面において、監査役の独立性を確保するための法制度を整えた場合、監査役は本当に実効性ある監査を行うことができるようになるのであろうか、という疑問である。

　監査役の独立性確保のための規定として、現行法上、すでに「社外監査役」制度が存在している。この制度が存在しているにもかかわらず、なぜ監査役の独立性の確保が叫ばれ続けられているのであろうか。

　確かに、社外監査役制度が初めて導入された時点では、社外監査役とは、「そ

の就任の前5年間は会社又はその子会社の取締役又は支配人その他の使用人でなかった者でなければならない」(1993(平成5)年旧商法特例法18条1項)とされており、これでは5年間という一定期間、会社の執行体制に組み込まれていなかった者が必要要件とされているにすぎず、従来、社内監査役であった者も、所定の期間を経過すれば、社外監査役としての資格要件を取得することができた[20]。したがって、完全な独立性という点ではその妥当性に疑問が残るものであった[21]。

　ところがその後の改正により、5年間の要件は撤廃され、員数の点でも監査役の半数以上が社外監査役でなければならないとされることになり、独立性という点に関しては、飛躍的に向上したといえるであろう。

　にもかかわらず、依然として監査役制度の無機能化が叫ばれている。思うに、社外監査役と通常の社内監査役を比較した場合、通常の監査業務という点からみれば、社内事情に精通している「常勤の社内監査役」のほうが、情報収集面1つとっても、はるかに実効性が高いといえるであろう[22]。また、社外監査役は非常勤であるのが通例であろうから、その面でも常勤監査役に劣ることは明白である[23]。

　このように考えた場合、独立性が確保されていれば実効性ある監査が実現できるとは、必ずしも言い切れないのではないだろうか。このことは、監査役の独立性が確保されていれば、当該監査役が取締役の業務執行を適切にチェックでき、また、的確な監査意見を述べることができるかといえば必ずしもそうではない、ということからも明らかであろう。

　むしろ、各企業においては確保できる監査役の員数には自ずと限界がある以上、独立性を強化するために社外監査役の員数を増やせば、その分、常勤の社内監査役の員数は削減せざるをえなくなり、そうなると情報収集面をはじめとして監査の実効性は、むしろ低下することにもなりかねないのではないだろうか。

　そうなると、監査役が業務監査機関として、実効性のある監査・監督を行うためには、独立性の確保以外の点において、手当されなければならない他の要素が必要ということになるが、それはどのようなものであろうか。

4　実効性ある監査を実現するために「独立性」以外に要求される要素

　実効性ある監査・監督を実現するためには、その前提としての情報収集面の充実とともに、監査・監督の「的確性」が要求される。すなわち、取締役が行う経営の不当性・違法性に対するチェック能力と、その本質を見極めることのできる判断力が必要となってくる。このような能力とは、財務面のみならず、広く経営面も含めた「専門性」ということになるのであろう。

　ところがここで問題となるのは、この「専門性」と前述の「独立性」は、監査・監督の実効性をあげていくうえにおいて、必ずしも方向性を一にするものではないということである。むしろ現行の形式的な「独立性」を要求すればするほど、情報収集面の充実とそれに基づく監査・監督の的確性を向上させるための「専門性」を確保することは困難になるという図式が成り立つことになる。

　そしてこの経営面も含めた、いわゆる「専門性」という要素は、個人の属性および識見に深くかかわっているものである。具体的に、どのような人物が、この専門性を兼ね備えた監査役にふさわしいかということを考えた場合、他の会社の経営者こそがそれに最もあてはまるということになるであろう。そうなると、そのような人物を監査役として確保することにはやはり自ずと限界がある。

　このように考えた場合、この経営も含めた「専門性」という要素も、実効性ある監査・監督を実現するための決定打にはなりえない、といわざるをえない。

3　取締役の経営行為の公正を確保するために監査役制度に求められる「あるべき姿」

1　監査役の「あるべき姿」を検討するうえでの基本的考え方

　監査役が業務監査機関として、実効性ある監査・監督を行うためには、どのような制度を手当てしなければならないかということに関して、法制度面・運用面の両面から検討を加えてきた。具体的には、監査される者からの「独立性」の確保、また、情報収集面の充実に基づく監査・監督の的確性を確保するために、財務面のみならず、広く経営面も含めた「専門性」ある人材の選任について検討を行った。

ところが、「独立性」確保のための法整備を行ったとしても、それだけでは必ずしも監査役が実効性のある監査・監督を行うことができることには結びつかない、また「専門性」ある人材を確保することが困難であることを考えた場合、それだけに頼ることは監査役制度の「あるべき姿」の検討としてはやはり弱い、ということが結論として浮かび上がってくることとなった。

　それでは、これら「独立性」、「専門性」以外に、監査役が業務監査機関として実効性ある監査・監督を行うために必要な要素とは何であろうか。思うに、監査・監督の実効性をあげるためには、独立して監査役が監査を行うことができるしくみ、そして、情報収集面の充実とそれに基づき的確な監査・監督を行うことのできる能力に加え、監査した結果に基づき、取締役に責任を負わせることのできる「監督面」が充分に機能することが必要となるであろう。

　監督面を充分に機能させるためには、どのような手当てが必要なのであろうか、そのためには、取締役が違法行為をした場合、当該取締役の意思とは無関係に、当該取締役の地位を失わせることのできるしくみが求められることになる。

2　「取締役の地位を失わせることのできるしくみ」の具体的内容

　監査役が実効的な監査を行うためには、監督面が充分に機能することが肝要である。そのためには、取締役が違法行為をした場合、当該取締役の意思とは無関係に、当該取締役の地位を失わせることのできるしくみが求められていると考えると、最も重要な制度としては、監査役による監査の仕上げとして、監査役に対して「取締役解任権」を付与する、ということに尽きる。

　この「取締役解任権」こそが、取締役の経営行為の公正を確保するための監査役制度に求められる「あるべき姿」ということになるであろう。すなわち、監査役が取締役から独立した存在として、また、純粋な業務監査機関として、法が予定した実効的な監査・監督を行うためには、最終的には、監査した者による監査された者に対する解任権が認められなければならないはずである。

　また、監査役の選任権は、事実上代表取締役に掌握されているという状況において、監査役に最後の切り札として、取締役に対する解任権を認めることこ

そが、意識面において、監査役が本来的任務を自覚し、取締役と対等の関係に立てる唯一の方途であろう。

現行制度において監査役には、取締役に対する違法行為差止請求権が認められており、それに対する同質的行為として、あるいはその延長線上の行為として、この「取締役解任権」は認められてしかるべきであろう。

このように監査役による取締役解任権を認めるとした場合、どのような法制度とすべきなのであろうか。具体的には、2つの方途が考えられる。1つは、監査役に、株主と同様、取締役に対する「解任の訴え」に関する訴訟提起権を認めるというものである。もう1つの方途としては、監査役会における監査役全員の意見が一致した場合（監査役会非設置会社の場合、監査役全員の協議に基づき意見が一致した場合）に、取締役の解任を決議できるというものも考えられる[24]。

監査役会における監査役全員の意見が一致した場合に、取締役の解任を決議できるという方途をとった場合、従来から存在する会議体ではあったが、任務が不明確とされていた監査役会[25]の任務は、これによってきわめて明確なものとなる。すなわち、監査役会は、違法行為等を行った取締役を解任すべきかどうかを常勤監査役および社外監査役によって充分に検討・協議する場として、その存在は不可欠なものとなるであろう[26]。

3　監査役会に取締役解任権を認めた場合の他の制度との整合性

監査役に取締役解任権を認めるべきであるとするもう1つの根拠としては、委員会設置会社との法制度上の整合性があげられる。

委員会設置会社において、監査役設置会社における監査役（会）制度に相当するものが監査委員会である。監査委員会に取締役や執行役に対する解任権を正面から認めた規定は存在しない。ところが、委員会設置会社において、監査委員会を含め、指名・報酬といった3つの委員会を内部的に擁するのは取締役会である。そして委員会設置会社の取締役会においては、委員たる取締役だけではなく、具体的な業務を執行する代表執行役や執行役の解任権（正確には「解職権」）が認められている（会社法416条4項）。

したがって、執行役の監査・監督を行う監査委員会には、事実上、執行役に

対する解任権が認められていることになる。このように考えた場合、委員会設置会社における監査委員会との法的整合性を視野に入れても、監査役（会）設置会社における監査役、特に、監査役会に取締役解任権は認められてしかるべきであろう。

　繰り返しになるが、そもそも、わが国において、米国型の委員会設置会社がなぜ導入されたのか。それは、監査役制度に代わるわが国のコーポレート・ガバナンス向上策として、業務執行機関に対する監督機能を強化すべく導入されたものである。すなわち、監督を実効あらしめるためには、監督機関と執行機関の明確な分離が前提とならなければならない。この点、わが国では、取締役会が業務執行の意思決定と業務監督の権限をもちながら、その構成員の中から業務執行者たる代表取締役を互選するので、監督する者とされる者とが混在するという自己監督の矛盾を内包している。[27]

　このため取締役会における業務監督機能に関しては、無機能化が叫ばれてきた。そこでわが国においては、取締役会や取締役を外部的に監査・監督する「監査役制度」に大いに期待がもたれ、数次の改正を通じて、その権限の強化が図られてきたのである。ところがその監査役制度も無機能化しているとの批判にさらされ、そこで内部的な業務監督機能を強化すべく、委員会設置会社が選択的に導入されることになった。

　すなわち、委員会設置会社制度は、内部的にも外部的にも監督機能が無機能化しているという現行制度の不備を補完するものとして、もって、わが国のコーポレート・ガバナンスを向上させるという目的で導入されたはずである。具体的には、業務執行を行う者と監督する者を分離したうえで、業務監督機関たる取締役会に執行役の解任権を与え、現行の取締役会の自己監督の矛盾を解消させたのである。

　ところが、わが国における圧倒的多数の企業が、すなわち９割以上の企業が、委員会設置会社制度を選択せず、従来どおりの監査役（会）設置会社制度を採用している。監査役（会）設置会社よりも優れた制度であるとの想定のもと、委員会設置会社は導入されたにもかかわらず、なぜこのような現象が生じるのであろうか。

その最大の要因としては、委員会設置会社の場合、指名・監査・報酬という3つの委員会を必ず設置しなければならないとする煩雑さと、それぞれの委員会の構成員として過半数の社外取締役を選任しなければならないため、選任できる人材の確保が困難である、という点が考えられる。
　そうであるとするならば、監査委員会のみを必須の機関とし、残りの2つの委員会の設置は任意としたうえで、業務執行機関を監査する役割をもつ監査委員会に、端的に執行役の解任権を認めるという方法をとれば、3つの委員会の設置という煩雑さと社外取締役という「人」の確保の困難さは解消され、選択する企業も増加するものと考えられる[28]。
　そうした場合、法制度の整合性の観点から、もう一方の制度である監査役（会）設置会社においても、委員会設置会社における監査委員会と同様の機能を監査役（会）制度に与え、監査委員会と同質化させる必要がある。すなわち、監査役会においても、委員会設置会社における監査委員会と同質化すべく、取締役に対する解任権を認めるべきである。
　監査役会に取締役に対する解任権まで認めた場合、次に検討しなければならないのは、同じく取締役解任権を有する株主総会とのすみ分け、および監査役会による権限の濫用防止の措置をいかにとるべきか、ということであろう。この点に関しては、まず、株主総会における取締役解任権は、委任契約に基づく信認関係違背があった場合に、理由の如何を問わず取締役を解任できるものであるのに対し、監査役会における取締役解任権は、「正当な理由」がある場合に限り、監査役全員一致の決議に基づいて解任できるものとすれば、行使要件・方法ともに異なり、合理的な区分が可能となる。
　また、解任するための要件である「正当な理由」に関しては、監査役側にその立証責任を負わせることによって、監査役会による解任権の濫用防止を図ることも可能となる。
　ただし、そもそも監査役という機関の存在意義、そして監査役監査とは、誰のために行われるものなのか、その本質を考えた場合、監査役による取締役解任権が「正当な理由」がある場合に限り認められる、といったような監査役による取締役解任権の行使に要件が課せられること自体が疑問であるともいう

る。監査役とは、株主からの信認に基づき選任され、株主に代わって、業務執行機関たる取締役を監査・監督する独立の業務監査機関なのである。したがって、監査役を選任し、業務監査を監査役に一任した株主が、株主総会において、信認関係を失った取締役を理由の如何を問わず解任できる以上、監査役に取締役解任権が認められるべきであることはもちろんのこと、その際には、「正当な理由」という要件とは無関係に取締役を解任できるとされなければ、株主・監査役間の委任の本質にそぐわないということになってしまうからである。

いずれにしても、取締役に対する違法行為差止請求権という現行法上認められている制度に対する同質的行為、あるいはその延長線上の行為として、また、委員会設置会社における監査委員会との同質化を図る、といった整合性の観点から、さらには、そもそもの監査役監査の本質論からさかのぼって考えた場合においても、監査役に取締役解任権はむしろ当然に認められなければならないという結論が導かれることになる。

また、監査役に取締役解任権を認めた場合には、次のような副次的効果も期待できる。

それは、監査役の全員一致の同意により、取締役の解任が決議できるとした場合、取締役の側が、監査役から安易に解任されることを防止すべく、その防衛策として、監査役の員数の増員を図るといったことや、また、適正な監査役監査を行うために監査役スタッフの設置・充実が促進されるといった効果も期待できるであろう。

4 「妥当性監査」を明文化することの必要性

また、監査役が監査業務を制約を受けることなく実効的に行うためには、以前から議論されているところであるが、監査役の業務監査権の範囲として、「適法性監査」のみならず、「妥当性監査」にまでも及ぶということを明文化すべきであろう。[29]

監査役監査の範囲を適法性監査に限定する多数説の立場からすれば、そこに意識面からも実体面からも機能的限界が予定されてしまうことになる。

ところが通説的見解が、1974（昭和49）年商法改正後において監査役の監査

を適法性監査と位置づけたのは、監査報告（1974年改正旧商法275条）および差止請求権（同法275条の2）の要件と関連づけられた職務の捉え方であり、通説的見解においても、事前監査に関わる取締役会での意見表明権や業務調査権は、適法性（違法性）に関わる事項には限定されていない[30]。

すなわち、監査役の業務監査権限が、適法性監査に限られず、妥当性監査にまで及ぶということに関しては、通説的見解からも十分に想定されるものなのである。そのことは、現行法上の解釈からも明らかであろう。なぜならば、会社法382条においては、「監査役は著しく不当な事実があると認めるときには、取締役に報告しなければならない」と定められており、この場合、「著しく不当」かどうかを判断するためには、妥当性監査は当然行わなければならないはずだからである[31]。

4 企業グループにおいて求められる監査役監査

1 親会社監査役が実効的な子会社監査を行ううえでの法制度面からの検討

監査役の業務監査権の範囲として「妥当性監査」にまで及ぶということの明文化に関しては、単独企業の場合同様、親会社監査役が実効性あるグループ監査を実現していくうえでも必要となるであろう。

問題となるのは、単独企業における監査役に取締役に対する解任権が付与されるとした場合、親会社監査役に、子会社取締役に対する解任権まで認めてよいのであろうか、という点である。なぜならば、親会社監査役による子会社調査権は、あくまで親会社取締役の業務執行を監査するために認められているものであるからである。

また、親会社取締役の子会社に対する指揮権およびそれに基づく具体的指図権も認められていない現行法制度を鑑みた場合、親会社監査役による子会社取締役の解任権まで認めるということは、親会社取締役の子会社に対する支配権とのバランスを考えた場合、また、子会社の独立性維持の観点からも、やや行き過ぎであろう。子会社にも監査役が存在する場合、子会社取締役に対する解任権は、子会社監査役に付与されれば問題ないと考える。

なお、新会社法の制定によって監査役が設置されない会社も存在することとなったが、この点に関しては、第2章7[32]において検討したとおり、監査役非設置会社に対する親会社監査役の子会社調査権の内容そのものには影響を及ぼさない（子会社に対する調査権限が拡大するわけではない）という前提のうえで、監査役非設置の子会社において不祥事が発生した場合には、親会社取締役の子会社管理に関する親会社自体に対する善管注意義務の問題として捉えるべきであろう。

すなわち、親会社取締役は、企業集団における有効なコンプライアンス体制を構築・運用する義務を負っており、子会社のコンプライアンス体制を定めるにあたり、監査役を設置しないという選択肢を採用したのであれば、監査役非設置という状況を補完しうる体制を整えなければならないはずである。そうなると、親会社監査役には、子会社に監査役を設置しなかった補完措置として、親会社取締役がどのような体制を整えたのか、ということに関して監査する権限と義務が生じることになると考えられる。

したがって、親会社取締役が子会社に監査役を設置せず、その補完措置も講じていなかった、という状況において当該子会社に不祥事が発生した場合、親会社取締役に善管注意義務違反があったとして、親会社監査役は、当該親会社取締役を解任すべきかどうかを検討することになる。このように考えれば、親会社監査役に子会社取締役に対する解任権までは認めなくてもよいであろう。

いずれにしても、親会社監査役の子会社取締役に対する解任権を認めるか否かという点に関しては、親会社取締役による子会社に対する指揮権およびそれに基づく具体的指図権を認めるべきかどうか、という点と一対にして考えていくべき問題であろう。

2　グループ経営における監査役制度の「あるべき姿」

グループ経営において親会社あるいは子会社の監査役が監査を行うにあたり、その実効性が阻害される局面としては、大きく分けて次の2つの場合が考えられる。

1つは、親会社の取締役による子会社取締役に対する不当な支配力の行使に

対し、子会社監査役がそれに屈し、子会社取締役の違法行為等を看過してしまうという場合である。

もう1つの局面としては、親会社監査役が子会社監査にまではなかなか手が回らず、また子会社の監査役による監査には、人的にも限界があり、子会社の取締役の違法行為を発見できないといった場合である。

このような2つの局面が現実化し、グループ内における監査役制度が無機能化するのを防ぐためには、親会社監査役と各子会社監査役および各子会社の監査役間の連携・協力が、何よりも重要となってくるであろう。

すなわち、グループ内の各監査役が連携・協力できる体制を構築していくことが不可欠となる。このグループ内の各監査役が連携・協力できる体制としては、やはり親会社監査役が中心となって組織化され、運用されることが想定される「グループ監査役会」の設置が効果的であろう。[33]

グループ監査役会の具体的な運用方法としては、親会社の監査役が中心となって定期的に会合を重ね、グループとしての監査方針とそれに基づく監査計画を策定、実施する、あるいは情報の伝達・交換をさかんにし、現行経営陣が不当な利潤追求に陥らないよう、親会社経営陣が子会社に対する不利益指図を行わないよう、グループとしての問題点を洗い出し、対策を立案・実施していくという活動を行っていくことが考えられる。

また、グループ内のある会社において実際に不祥事等が発生した場合には、親会社の監査役をはじめ、各社の監査役が協議して、問題の具体的解決策を立案し、それをグループ内の各監査役が協力して実施していくといった活動を通して、グループ経営における実効性ある監査を行っていくことが理想的な姿であろう。

すなわち、グループ内の各社の問題点、課題を開示しあい、それに基づき監査方針、監査計画、監査行為を定期的かつ継続的に行いながら、有事の際には、各監査役が協議、協力しながら実効的な問題の解決を図ることができるという制度が存在し、それが有効に機能することこそが、グループ経営における監査役制度のあるべき姿といえるであろう。

そして、グループ内の各監査役が連携・協力できる体制としての「グループ

監査役会」の設置は、純粋持株会社の場合に、より重要となってくるであろう。子会社の統括管理を主な業務内容とし、実際の事業活動は各子会社が遂行しているという純粋持株会社にとっては、純粋持株会社の監査役のみでは、グループ内の各子会社に生じている問題点を早期にかつ的確に把握し、それに基づいて具体的な対策を立案・実施するといった、いわゆる円滑な監査を行うことはきわめて困難であるからである。

3 「グループ監査役会」設置にあたって検討しなければならない事項

グループ監査役会を設置するにあたって、まず検討しなければならないことは、グループ監査役会にどのような権限を付与すべきか、ということであろう。

親会社取締役の子会社に対する指揮権および具体的指図権が認められていない以上、親会社監査役（会）に子会社取締役の解任権まで認めるのは行き過ぎであるとする本章の立場からすれば、グループ監査役会に対して、グループ内の取締役の解任権までは認めるべきではないであろう。ただし、グループ監査役会を、グループ全体の監査を円滑に行うための単なる協議機関であると位置づけるべきではない。

思うに、グループ会社間においては、実質的には、親会社の取締役および取締役会における意思決定が、下位に存在する各子会社に貫かれるというかたちで、事実上の支配力たる政策決定力が及んでいるというのが一般的である。

このような統一的指揮に基づく企業グループにおける適正な経営を実現していくという観点から、取締役、特に親会社取締役の経営行為の公正を確保するためのしくみを整備すべく、取締役の経営行為の監査・監督機関である監査役制度の改善を図っていくことこそが、監査役制度に求められた「あるべき姿」であると考えた場合、グループ監査役会を単なる協議機関と位置づけただけでは、取締役の経営行為の公正を確保するためのしくみを構築したとは到底いえないであろう。

それでは「グループ監査役会」を法的にどのように位置づけ、それにどのような権限を付与すべきなのであろうか。

親会社の取締役および取締役会における１つの政策決定力がグループ全体に

貫かれている、ということがグループ経営における一般的な姿である以上、グループ全体の利益を確保するという観点から、親会社取締役による不当な支配力行使により子会社取締役が違法行為をなした、あるいはそのおそれがあるということをグループ監査役会が把握した場合には、当該取締役が存在する子会社の監査役に対して、グループ監査役会が、適切な法的措置をとることに関する指示権、すなわち、「勧告・是正権」を行使する権限が与えられるべきであると考える。

　子会社監査役に対する勧告・是正権とは、より具体的には、親会社取締役による不当な支配力の行使により、子会社取締役が違法行為をするおそれがある場合には違法行為差止請求権を行使すべきであることを、また、親会社取締役による不当な支配力の行使により、子会社取締役が違法行為をなし、それによって当該子会社に損害が発生した場合には、当該取締役に対する責任追及を行うべきであることを、それぞれ当該子会社監査役に対して指示する権限である、ということになる。

　このような強制力をともなった「勧告・是正権」をグループ監査役会に付与し、それに基づきグループ内の各子会社の監査役が、当該子会社の違法行為をなした取締役に対して解任権を行使するという制度が構築されれば、親会社取締役の経営行為の公正を確保するしくみ、すなわち、グループ経営における経営責任が果たされるようなしくみが整えられ、統一的指揮に基づく企業グループの適正な経営が実現されることになるであろう。

　「グループ監査役会」設置にあたって、次に検討しなければならないことは、親会社監査役会との関係、すなわち役割分担である。グループ内の各監査役、特に親会社監査役と各子会社の監査役が連携・協力できる効果的な体制こそがグループ監査役会であるとする本章の立場からすると、グループ監査役会とは、まさに親会社監査役会と各子会社監査役間の橋渡しを行い、両者の情報の共有化と、それに基づくグループ全体の監査の意思統一を図ることのできる場として機能することが要求される。具体的には、親会社監査役会との協議に基づき、グループ全体としての監査方針とそれに基づく監査計画を策定し、重点監査事項の選定等を協議、決定する。また、グループ内の監査結果をフォロー・共有

化しあい、問題点の把握とそれに基づく対策を協議・決定していくということが考えられる。

また、グループ監査役会における情報の共有化、協議による問題点の洗い出しの中で、グループ内における特定の子会社において不祥事が発覚した場合、それが親会社取締役による当該子会社に対する不当な支配力の行使によるものであれば、グループ監査役会の是正勧告に基づき、親会社監査役会において、当該親会社取締役に対する解任が検討、協議されなければならない。

一方、子会社取締役がその独自の判断において違法行為をした場合であれば、グループ監査役会における決議および是正勧告が、当該子会社取締役の解任を子会社監査役が検討するうえでの重要な判断要素とならなければならない。

このように考えた場合、グループ監査役会は、親会社監査役会の上位の機関として位置づけられたほうが、企業グループの適正な経営の実現という観点からは、より実効的な機関設計となるであろう。

また、「グループ監査役会」設置に関して避けて通ることができない検討課題としては、グループ監査役会を任意の機関とすべきか、必須の機関として法制度化すべきか、という点である。わが国のグループ経営の形態は多岐にわたっており、多種多様なグループ関係を構築することを認めているということ、およびコーポレート・ガバナンスの向上は、監査役制度に限らず、様々な角度から検討することが可能である、という観点から、グループ監査役会は、個々の企業集団が任意に設置すべきものとして捉えられることが望ましいとする考え方もあるであろう。

しかし、グループ会社間においては、実質的には、親会社の取締役および取締役会における意思決定が、下位に存在する各子会社に貫かれるというかたちで、事実上の支配力たる政策決定力が及んでいるという実態を考慮すれば、それにふさわしい機関設計が用意されてしかるべきである。

すなわち、指揮が及ぶところに責任が課せられなければならない、というごく当然のことがおざなりにされてしまうようでは、統一的指揮に基づく企業グループの適正な経営を実現すべく、監査役制度に求められた「あるべき姿」からは遠くかけ離れたものになってしまう。やはり、指揮と責任を合致させるべ

く、グループとしての一定の要件をみたした場合には、「グループ監査役会」はグループに事実上強制される機関であることを大前提としたうえで、各企業の思惑とは無関係に、親会社監査役会の上位機関として、各子会社監査役に対する勧告・是正権を行使していくということが、監査役制度に求められた「あるべき姿」であろう。

なお、一定の企業集団において、グループ監査役会は事実上強制される機関と定められた場合、グループ監査役会をグループ内のどこに設置すべきか、ということが検討課題としてあげられる。この点に関しては、少なくとも、純粋持株会社においては、法律上その設置を、純粋持株会社の定款において義務付けることが必要であろう。

ところが本書においては、「グループ経営」における「グループ」とは、同一の資本系統の企業集団に限定することなく、非連結・資本系統の異なる複数の企業集団（相互支援型）、さらには資本系統が同じ企業と非連結・資本系統のない企業が混在している企業集団（ネットワーク型）も含めて捉えている。[34]

このように検討の対象となる「グループ」を広く捉えた場合、縦の関係である資本系統で結びついたもの以外の企業集団、すなわち、横の関係で結びついた、特に相互支援型の企業集団においては、グループ監査役会の設置とその権限を、グループの頂点に立つ親会社の定款で定めるということは事実上不可能である。このような場合、グループ監査役会はどのように位置づけるべきなのであろうか。本章では以下のように考える。

非連結・資本系統の異なる複数の企業集団においては、各社の定款よりもさらに上位の規範、すなわち、グループの協議に基づき制定した「グループとしての実践規範」においてグループ監査役会を定め、それを社会に向けて発信するという形をとることによって、グループ全体に事実上の拘束力を認めるという方法が、最もスムーズにグループ監査役会を位置づけることができるのではないだろうか。より具体的には、たとえば、相互支援型のグループ各社が問題点を提示し、協議しながらグループとしての実践規範を制定し、それを社会に開示し発信することによって、事実上、定款に優先する規範として、ひいてはグループ全体を拘束するものとして位置づけることが可能となる。

このように資本系統で結びついた企業集団においては、純粋持株会社等の親会社の定款によって、また、非連結・資本系統の異なる企業集団においては、各社の定款に優先するグループとしての実践規範によって、グループ監査役会を一定の要件をみたした企業集団における事実上強制された機関として、その権限・親会社監査役会との役割分担等の具体的内容を定めていくことが可能となる。

　なお、どのような要件をみたした企業集団において、グループ監査役会が強制されるべきであるのかという点に関しては、今後の検討課題としたい。

1）　それ以外にも会社法で定められた監査役の権限（義務の側面も有する）としては、以下のようなものがある。
　　まず調査・報告権としては、本文における事業報告請求権、業務財産状況調査権および子会社調査権以外に、①取締役が株主総会に提出しようとする議案等株主総会関係書類の調査と、それに基づき、法令・定款違反または著しく不当な事項を認めるときは、その結果についての株主総会への報告（会社法384条）、②事業年度ごとに監査報告の作成（同法381条1項）等がある。また監督是正権としては、本文における取締役に対する違法行為差止請求権、会社・取締役間の訴訟等の代表権以外に、③取締役会への出席、意見陳述（同法383条1項）、④取締役の不正の行為、法令・定款違反の事実等につき、取締役（会）への報告（同法382条）、⑤取締役会の招集請求（同法383条2項・3項）、⑥責任の一部免除の同意（同法425条3項）、代表訴訟において会社が取締役側に補助参加する場合の同意（同法849条2項）、監査役選任議案、会計監査人の選任議案・報酬決定事項に関する同意（同法343条1項・344条1項・399条1項）等の各種同意権、⑦会社の組織行為の無効（同法828条2項）、総会決議取消（同法831条1項）の訴え等、各種訴訟提起権・申立権等がある。
2）　木村圭二郎「『社外取締役制度』の義務化の要否に関する検討」月刊監査役564号31頁。ただし、2011（平成23）年12月7日に法制審議会会社法制部会より公表された「会社法制の見直しに関する中間試案」においては、委員会設置会社同様、監査役を設置せず、社外取締役によってコーポレート・ガバナンスの向上を企図した「監査・監督委員会設置会社」制度が提言されている。
3）　拙稿「グループ経営における内部統制システムの構築と運用（Ⅱ）―コンプライアンス体制の構築と運用を中心として」金沢星稜大学論集第45巻2号8〜13頁においても、企業集団における有効なコンプライアンス体制を構築・運用するにあたり、特に、親会社取締役が子会社に対する不当な影響力の行使を防止するためには、親会社監査役はどのような活動を行っていけばよいのか、に関して親会社監査役による子会社調査権の行使の観点から検討を試みている。
4）　複数監査役制度に関しては、「株式会社の監査等に関する商法の特例に関する法律（旧法では「商法特例法」といわれた。以下、「旧商法特例法」という）」18条1項。常勤監査役制度に関しては、旧商法特例法18条2項。

5） 1993（平成5）年改正商法においては、「社外監査役」の要件としては、5年以上の期間を経れば、当該会社の元取締役や元使用人であっても充足されるものであった。また、社外監査役の員数は1人以上とされていたにすぎない。
6） 1993（平成5）年改正の旧商法特例法18条の2第1項。
7） 2001（平成13）年改正の旧商法特例法18条1項。ここでは、1993（平成5）旧商法特例法における「5年」要件が撤廃された。
8） 木村・前掲注2）33頁。
9） 森本滋「社外監査役制度」民商法雑誌108巻4＝5号74頁。
10） 法制審議会会社法制部会より公表された「会社法制の見直しに関する中間試案」（2011年12月7日）によると、「監査・監督委員会（仮称）」とは、過半数を社外取締役とする取締役3人以上を構成員として組織される委員会とされている。そして、「監査・監督委員会設置会社」においては、監査役は置くことができないとされている。
11） 2009（平成21）年6月17日、経済産業省の所轄する企業統治研究会の「企業統治研究会報告書」および金融庁の所轄する金融審議会・金融分科会の「我が国金融・資本市場の国際化に関するスタディグループ報告」において、「社外取締役制度の義務化」が提案された。そして、前述の「中間試案」においても、一定の株式会社においては、「社外取締役制度の義務化」案も提言されている。
12） 独立役員の定義としては、「一般株主と利益相反が生じるおそれのない社外取締役又は社外監査役」となっている。2010（平成22）年12月の東京証券取引所の上場規則の改正により実施されることとなった。
13） 新山雄三「監査役（会）制度の過去・現在・そして未来――コーポレート・ガバナンスにおける監査役（会）制度の意義（下）」月刊監査役558号61頁。
14） 新山・前掲注13）61～63頁。
15） 新山・前掲注13）63頁。
16） 新山・前掲注13）62～63頁。
17） 新山・前掲注13）66頁。
18） 新山・前掲注13）66頁。
19） 新山・前掲注13）64頁。
20） 酒巻俊雄「社外取締役と社外監査役の機能」ジュリスト1050号137頁。
21） 酒巻・前掲注20）137頁。
22） 酒巻・前掲注20）137頁。
23） 酒巻・前掲注20）138頁。
24） 「監査役全員の意見が一致した場合に、取締役の解任を決議できる」という場合には、「『正当な事由がある場合』に限り、取締役を解任できる」という要件が付されることになるであろう。
25） 新山・前掲注13）64頁。
26） 酒巻・前掲注20）138頁。酒巻先生は同著の中で、次のように述べている。「社外監査役は非常勤であるのが通例であろうから、その面でも常勤監査役に劣ることは明白である。それにもかかわらず、監査結果に同意し同一の監査報告書に署名した以上、連帯責

任を問われるのであるから、社外監査役にとって情報の伝達・意見交換の場としての監査役会の存在は不可欠である。」

27) 酒巻・前掲注20) 138頁。
28) 現在、新たな機関設計として法制審議会会社法制部会において提言されている「監査・監査委員会設置会社」に関しては、指名・報酬委員会は置かないものとされており、その点では、従前の「委員会設置会社」の弱点を補完したものということができる。
29) 木村・前掲注2) 38頁。なお、戦前（1950（昭和25）年改正前商法）においては、監査役は、取締役から独立した監督機関として、包括的に業務監査を実施し、取締役の業務執行に対して「妥当性監査」の権限を有する機関として考えられていた（田中耕太郎『改正会社法概論』（岩波書店、1939年）593頁）。また、木村氏は同著32頁においても、次のように述べている。「昭和49年商法改正において監査役の業務監査の権限を復活させながら、概念的に、その権限を違法性監査に限定する解釈が採用され、そうでありながら、その後のコーポレート・ガバナンスの向上を、監査役制度の強化により企図したことが、事態を複雑にしたように思われる。」
30) 木村・前掲注2) 34～35頁。
31) 新山・前掲注13) 56頁。これ以外にも、新山先生は同著（56頁）の中で、以下の根拠をあげて、監査役の監査が適法性監査に限らず、妥当性監査に及ぶ点について言及している。

　まず監査役に妥当性監査を認めた場合の問題点として、そうした場合、取締役会との権限の抵触が起こるという指摘に対して、「取締役会が行っている妥当性監査については、業務執行機関内部における、業務執行の担い手としての立場に基づく妥当性監査なのである。それに対して、監査役が行う妥当性監査とは、業務執行機関を超えた会社全体の立場ないし株主全体の立場からなされるべき業務監査なのである。（中略）さらには社会的存在としての会社のあり方等々、との関連における妥当性監査であって、取締役会の妥当性監査とは、明らかにディメンジョンを異にする妥当性監査なのである。（中略）取締役会の業務監査と監査役の業務監査とでは、その目的や任務を異にしており、同じく妥当性監査を行うといっても、抵触がおこる心配は不要と言わざるを得ない」と述べている。また監査役に妥当性監査まで認めた場合、取締役の経営判断を拘束するとの指摘に対しては、「監査役は取締役会に出席しているとはいえ、それはあくまで、収益極大化という業務執行の課題の特化された経営判断だけではない、より広い株主全体の利益や社会的存在としての企業のあり方等の観点からの判断に基づく、監査意見を述べるという仕事のためであって、経営決定は業務執行の担い手である取締役のみによって行われるのであり、取締役の識見と責任において自由に経営決定を行うことができるし、また行うべきである」としている。
32) 本書101～104頁。
33) 「グループ監査役会」の重要性に関しては、本書第1章に記載したが、それ以外にも、拙稿「グループ経営の法的構造と諸問題（Ⅰ）」名経法学27号80頁に記載。
34) 本書第1章5～8頁。

第5章
グループ経営における責任追及のあり方

1　はじめに

　統一的指揮に基づく企業グループの適正な経営責任を構築するという観点からは、取締役の経営行為の公正を確保するしくみの制度的な整備が必要となる。そのためには、既述のとおり、取締役の経営行為を事前事後にわたって牽制し、代表取締役を含めた取締役が違法行為をした場合には、当該取締役の地位を失わせることのできるしくみを構築することが何よりも重要となる。

　そのしくみを構築するためには、第4章において検討したとおり、現行の「監査役制度」をより一層整備することが不可欠である。

　そしてその一方において、取締役の経営行為の公正を確保するためには、違法行為をした取締役に対する事後の責任追及のあり方を検討していくこともきわめて重要となる。

　本章においては、まず会社法における取締役の責任の構造を改めて確認したうえで、グループ経営における親会社および子会社取締役に対する責任追及のあり方に関して検討していきたい。

2　会社法における取締役の責任の構造

　会社法における取締役の責任の構造は、2つの大きな枠組みから成り立っている。1つは民事責任であり、もう1つは刑事責任である。民事責任とは、原則として、損害賠償責任であり、刑事責任とは、懲役・罰金・科料といった処罰である。

　このうち民事責任は、大きく分けて3つの枠組みを有している。第1は契約

責任であり、第2が不法行為責任、そして第3が特別法定責任である。また、誰に対する責任であるかという観点から、会社に対する責任と第三者に対する責任に分けられる。

契約責任とは、会社と取締役間における取締役任用契約に基づく責任であるから、会社に対する責任ということになる。これに対して、特別法定責任は、会社に対する責任と第三者に対する責任とがある。さらに、責任発生の要件の1つである故意・過失の有無に関しては、無過失責任と過失責任の区別があり、過失責任についても、立証責任を転換するものとしないものとに分けられる。ここでは、取締役の民事責任のうち、特に契約責任について、その内容に関し確認しておきたい。

3　会社法における取締役の契約責任

1　債務不履行責任としての任務懈怠責任

取締役は、会社との委任の性質を有する取締役任用契約の締結により、その地位が発生することになる（会社法330条、民法643条）。したがって、契約責任とは、取締役任用契約に基づく債務不履行責任ということになる。この場合、取締役が負う債務とは、取締役としての職務を適正に履行するということにある。そして、その履行に際しては、取締役は、善管注意義務・忠実義務を負っている（会社法355条、民法644条）。

ところが会社法においては、会社という組織における取締役の地位の重要性に鑑み、この取締役の債務不履行責任を明確にするため、取締役の任務懈怠責任という規定を置いている（会社法423条1項）。すなわち、過失責任である債務不履行という一般的な契約責任の発生要件を、「任務懈怠」という取締役にふさわしい要件に置き換えて規定している。[1]

2　明文化された任務懈怠責任

取締役の任務懈怠責任に関しては、単純な債務不履行責任よりも明確になるとともに、格段に強化されている。それは具体的には、以下の4つの点に現れ

ている。

　第1に、連帯責任とされていることである。複数の債務者が生じた場合、民法の原則では分割債務となっているが、取締役に関しては連帯責任とされている（会社法430条）。

　第2に、競業取引規制に違反した場合には、損害額の立証がなされなくても責任追及されることになる。すなわち、競業取引規制違反の場合においては、当該競業取引により、取締役または第三者が得た利益額が損害額と推定され、立証責任が転換されているからである（同法423条2項）。

　第3に、利益相反取引に関しては、取締役会の承認があったか否かにかかわらず、当該取引により会社に損害が発生した場合には、一般的には任務懈怠があったと推定される（同法423条3項）。この場合、利益相反取引を行った取締役だけではなく、取締役会において承認した取締役も任務懈怠が推定される（同法423条3項3号）。さらに、取締役会議事録に異議をとどめなかった取締役についても、賛成したものと推定されることになる（同法369条5項）。

　第4に、利益相反取引のうち、直接取引を行った取締役については、故意・過失がなかったこと、すなわち、「責めに帰すべき事由」がなかったことを証明しても、責任を負わなければならない（同法428条）。いわゆる「無過失責任」とされている。なお、それ以外の場合でも、株主に利益供与を行った者も無過失責任を負うとされている（同法120条4項）。

3　善管注意義務違反・忠実義務違反としての任務懈怠責任

　任務懈怠の内容については、会社法以外の法令も含め、すべての法令違反および定款違反が含まれることになるとされているが、ここで注意すべきものとして、善管注意義務違反・忠実義務違反という任務懈怠事由があるということである。

　判例によれば、善管注意義務の内容を敷衍したものが忠実義務であるとされていることから、抽象的な善管注意義務違反の内容としては、忠実義務に関して規定した会社法355条の「法令及び定款並びに株主総会の決議」に違反するということになる。したがって、個別の法令違反は、同時に、善管注意義務違

反であり、忠実義務違反ということになる。

　また、個別の法令違反が生じていなくとも、善管注意義務違反・忠実義務違反が生じ、任務懈怠となる事由も存在する。具体的には、2つの事由が考えられる。1つは経営判断ミスであり、もう1つは内部統制システム構築・運用義務違反である。

4　親会社取締役が子会社管理に関して民事責任を負うケース

　子会社管理における親会社取締役の責任に関しては、すでに第1章5において、学説・判例の考え方および新会社法において明文化された「企業集団における内部統制システム構築・運用義務」や金融商品取引法における「財務報告に関する内部統制」といった立法化が、親会社取締役の責任にどのような影響を及ぼすことになるのか、に関して詳細な検討を行っている[4]。ついては本章においては、親会社取締役が、どのような場合において子会社管理に関する責任を負うことになるのか、その想定されるケースを列記するにとどめることとする。

　子会社に不祥事等が発生した場合、子会社管理に関して、親会社取締役が責任を負うことが想定されるケースとしては、以下の4つが考えられる[5]。

　まず、親会社取締役が子会社に対して、「法令に違反した指図を行う」といったように、子会社の不祥事等に積極的に関与した場合である。

　次に、子会社における取締役または使用人による法令違反行為がなされたという状況において、親会社取締役が、当該子会社も含めたグループ内における内部統制システムの構築・運用を怠った、あるいは、個別の監視義務を怠ったといった場合である。

　想定されるケースの3つめとしては、子会社取締役の経営判断上の行為によって、子会社および親会社に損害が発生し、当該子会社取締役に責任が生じた場合における親会社取締役の責任である。

　最後に想定されるケースの4つめとしては、経営危機に瀕した子会社の救済、あるいは子会社の清算といった親会社取締役による子会社に対する経営判断上

の行為によって、親会社に損害が発生した場合における親会社取締役の責任である。

このうち、1つめのケースについては、野村證券事件判決[6]において、親会社取締役が子会社管理に関して責任を負う場合の基準として示されているものであり、親会社取締役が責任を負うことは明らかであろう。むしろここで問題となるのは、親会社取締役の子会社に対する不当な指示によって、当該親会社にどれだけの損害が発生したのか、という損害の算定に関してであろう。

親会社取締役の会社に対する損害賠償責任を肯定した三井鉱山事件における最高裁判決[7]は、すでに不当な指示に従って親会社株式を高値で取得した結果、完全子会社に生じた損害について、子会社即親会社の損害としている[8]。

また、取得した自己株式を子会社に譲渡し、子会社が当該株式を第三者に売却するにあたって損害が発生したとされる片倉工業事件における東京高裁判決においては、原則として子会社の損害は親会社の損害であるが、子会社株式の評価損が主張立証されている場合には、親会社が保有する当該子会社株式の評価損が、親会社の損害であるとしている[9]。

特段の主張立証のない限り、子会社の損害即親会社の損害と判示した三井鉱山事件最高裁判決と、子会社株式の評価損が親会社の損害と判示した片倉工業事件東京高裁判決においては、親会社の損害に関する算定方法が異なるようにも思われるが、その点に関しては、片倉工業事件東京高裁判決において次のように述べられ、損害の算定方法に関して異なる判断ではないことが示されている。

「最高裁平成5年9月9日判決（三井鉱山事件最高裁判決）は、完全子会社が親会社株式を取得しこれを買入価額よりも低い価額で他に売却した場合について、子会社の資産は、同社による親会社株式の買入価額と売渡価額との差額に相当する金額だけ減少しているのであるから、他に特段の主張立証のない当該事件においては、同社の全株式を有する親会社は同額に相当する資産の減少をきたし、これと同額の損害を受けたものというべきである。（略）ところが、親会社が保有する子会社株式の評価損が主張立証されている場合には、親会社の被った損害額と同額であるとするよりも、同社株式の評価損と同額であるとす

るのがより合理的であるから、（略）前記最高裁判決の指摘する特段の事情があるものとして、前記の算定方式によらず、後者の算定方法によるのが相当であるというべきである。」

　このように、親会社取締役の責任を認めた両判決においては、親会社の損害の算定方法に関して、原則として、子会社の損害が親会社の損害であると考えていることがうかがわれる[10]。

　続いて、2つめおよび3つめのケースにおいては、親会社取締役が、当該子会社取締役の業務執行にどの程度関わっているのか、その濃淡と、当該子会社の独立性の強弱によって、親会社取締役の責任の有無は決せられることになるであろう。

　また、4つめのケースにおいては、親会社取締役がどのような場合に善管注意義務違反等を構成するのかということに関しては、第3章2において詳細に検討した。本章においては、その要点・結論のみを述べることとするが、親会社取締役が、子会社救済や子会社清算によって自社に損害を与えた場合において、当該取締役が善管注意義務違反や忠実義務違反を免れるための要件としては、次のように考える。

　すなわち、子会社救済、子会社清算を問わず、それを実践することによって、たとえ親会社に損害が発生することがかなりの蓋然性を有している場合であったとしても、それによって親会社に新たな利益が創出される可能性が想定される場合には、親会社の取締役の経営判断が尊重されることになる。したがって、親会社取締役は、その経営判断を行うにあたって、著しい不注意や著しい不合理がない限り、善管注意義務違反、忠実義務違反を問われることはないということになるであろう。

　一方、親会社に損害が発生する蓋然性が高く、将来的、代替的に考えても、親会社に新たな利益が創出される可能性がない、あるいはその可能性がきわめて低い場合には、さらに2つに分けて考える必要が出てくる。具体的には、当該行為を行うことが、破産管財人等公的立場に立つ者からの要請といった、いわゆる「わが国の経済社会の意識に適合する」場合には、親会社に新たな利益が創出される可能性がある場合と同様に、原則的には、取締役の経営判断が尊

重され、善管注意義務違反等が問われる場合としては、例外的な局面に限定されることになると考えられる[11]。

それに対し、「わが国の経済社会の意識に適合する」という状況が考えられないような場合には、親会社取締役が善管注意義務違反等を免れるための要件は厳格となるであろう。

5　取締役に対する責任追及の主体とその方法

企業集団において、親会社取締役および子会社取締役に責任が生じた場合、その責任を誰が追及することになるのかというと、その主体は監査役と株主である。ここではそれぞれの責任追及の方法についてみていきたい。

1　監査役による責任追及

現行法上、単独企業における監査役の取締役に対する責任追及の方法、すなわち、監査役による監督是正の権限としては、取締役の違法行為に対する差止請求権（会社法385条）と違法行為をした取締役に対する会社の訴訟代表権が主なものとして認められている。また、企業グループにおける親会社監査役は、子会社の業務および財産状況を調査することができる、いわゆる子会社調査権を有している（同法381条3項）。

そして、監査役制度こそが、わが国のコーポレートガバナンス向上にむけての中核的機能を果たすということは、すでに前章の「グループ経営における監査役監査」においても述べたとおりである。ところが、わが国のコーポレートガバナンスの向上に監査役制度は機能していないという批判が後を絶たない。そこで前章において、監査役制度に求められる「あるべき姿」について検討した。詳細は前章に譲るとして、ここでは取締役に対する責任追及の局面に的を絞ったうえで、その要点のみをあげることとする。

監査役制度が機能していない最大の要因としては、監督面の充実、すなわち、違法行為をした取締役の地位を失わせることのできるしくみが定められていないからである。ついては、違法行為をした取締役の地位を失わせることのでき

るしくみとして、立法論的には以下の制度が考えられる。

まず、単独企業の監査役に対して、現行法上認められている「違法行為差止請求権」と同質的行為、あるいはその延長線上の行為として、「取締役解任権」が認められる余地もある。

次に、グループ内の各監査役が連携・協力できる体制を構築すべく、グループとしての一定の要件を満たした場合には、「グループ監査役会」の設置を単なる協議機関としてではなく、事実上の強制的なものとして検討すべきである。そしてこの「グループ監査役会」は、親会社の監査役会の上位機関として位置づけ、親会社取締役による不当な支配力行使により子会社取締役が違法行為をしたような場合には、当該取締役が存在する子会社の監査役に対して、適切な法的措置をとることに関する指示権、すなわち、「勧告・是正権」が与えられてしかるべきである。

この子会社監査役に対して行使する「勧告・是正権」とは、親会社取締役による不当な支配力の行使によって違法行為をした子会社取締役に対して責任追及を行うべきであることを指示する権限、すなわち、強制力をともなった「勧告・是正権」である。

このように、グループ内の各子会社監査役は、グループ監査役会によるこの強制力をともなった「勧告・是正権」に基づき、違法行為をした当該子会社の取締役に対して、解任権を行使することができるという制度が構築されれば、グループ内における監査役の監督は強力なものとなり、監査役による実効的な責任追及が展開されることとなる。このような責任追及方法を確立することが、グループ内の取締役の経営行為の公正を確保し、企業グループの適正な経営を実現することになるはずである。

2　株主による責任追及

1で述べたように、監査役による取締役に対する監査・監督が充分に機能していれば何の問題もない。ところが、監査役による実効性ある監査・監督がなされていない場合には、株主による取締役に対する責任追及がクローズアップされることになる。

現行法上、単独企業において、違法行為によって会社に損害を与えた取締役に対する株主による責任追及の方法としては、事前のものとして、違法行為差止請求権（会社法360条）、事後のものとして、株主総会における解任権（同法329条1項）・取締役の解任の訴え（会社法854条1項）そして株主代表訴訟（同法847条1項）があげられる。

また、グループ経営においては、親会社株主による責任追及をやりやすくするための前提として、親会社株主による情報収集権が、2001（平成13）年の商法改正によって大幅に強化された。具体的には、親会社株主に対して、子会社の会計帳簿・定款・株主名簿・株主総会議事録・取締役会議事録等の閲覧権が認められるようになった。

ところがその一方において、1997（平成9）年の独占禁止法改正による純粋持株会社の解禁や、1999（平成11）年の商法改正による株式交換・移転制度の導入により、親会社の株主が、子会社の事業活動の管理・監督および調査を行うことに大きな制約が生じることとなった。いわゆる「株主権の縮減」の問題である。この問題を契機として、親会社株主による子会社取締役に対する責任追及を認める制度、すなわち、「多重代表訴訟制度」を導入すべきであるという議論が活発化するようになった。多重代表訴訟制度に関しては、グループ経営において、監査役以外における取締役の責任追及のあり方を検討していくうえで避けて通ることのできないものである。

ついては、次節において、この多重代表訴訟制度の導入の要否に関して、企業グループの適正な経営責任を構築するという観点からの立法論を検討していきたい。

6 「多重代表訴訟制度」に関する立法論の検討

1 はじめに

統一的指揮に基づく企業グループの適正な経営責任を構築するという観点からは、取締役の経営行為の公正を確保するしくみの制度的な整備が必要となる。そのためには、既述のとおり、取締役の経営行為を事前事後にわたって牽制し、

代表取締役を含めた取締役が違法行為をした場合には、当該取締役の地位を失わせることのできるしくみを構築することが何よりも重要となる。

そのしくみを構築するためには、前章において検討したとおり、現行の「監査役制度」をより一層整備することが不可欠である。そしてそれに基づき、監査役が取締役の経営行為を牽制し、違法行為をした取締役に対する責任追及が実践されていれば何の問題もない。

ところが現行法制度上および実際の運用という点においては、そこまでには至っていないという実情を考慮すれば、取締役の経営行為の公正を確保するためには、違法行為をした取締役に対して、監査役以外による事後の責任追及のあり方を検討していくこともきわめて重要となる。

グループ経営において、監査役以外による取締役の責任追及のあり方を検討していくうえで、避けて通ることができないものが、「多重代表訴訟」制度である。多重代表訴訟とは、親会社株主に子会社取締役等に対する代表訴訟の提起を認める制度であるが、この多重代表訴訟に関しては、現在、審議中の法制審議会会社法制部会における「親子会社に関する規律」においても、中心的な議題の１つであり、2011（平成23）年12月７日に公表された「会社法制の見直しに関する中間試案」においても取り上げられている。具体的には、「会社法制について、会社が社会的、経済的に重要な役割を果たしていることに照らして、会社を取り巻く幅広い利害関係者からの一層の信頼を確保する観点から、企業統治の在り方や親子会社に関する規律等を見直す必要があると思われるので、その要綱を示されたい」との、いわゆる会社法制の見直しに関する諮問第91号（2010年２月24日）を受けて、法制審議会会社法制部会における審議・検討が続けられており、この諮問第91号にある「親子会社に関する規律等」の見直しの一環として、親会社株主に、子会社役員に対する代表訴訟の提起権を認める制度を導入すべきか否か、いわゆる多重代表訴訟制度の導入の要否・可否についての議論がなされ、前述の中間試案においては、同制度を一定の要件のもとに導入するという案と、従前のまま（導入しない）とする案の両案が併記されたうえ、公表に至っている。

このような法制審議会会社法部会の審議・検討と軌を一にして、学会でも多

重代表訴訟制度に関する活発な議論が展開されている。具体的には、日本取締役協会、その後早稲田大学グローバルCOEに引き継がれた「『公開会社法要綱案』（第11案）の概要　補正版」（2010年1月10日）では、親会社の株主は、子会社の取締役に対して株主代表訴訟提起権を有するという提案がなされ、積極的な立場がとられている。また、民主党の公開会社法プロジェクトチームの「公開会社法（仮称）制定に向けて」（2009年7月）においても、同様に、積極的な立場がとられている。これに対して、経済産業省の「今後の企業法制の在り方について」（2010年6月23日）提案12においては、多重代表訴訟制度の導入に関しては消極的な立場がとられている。[12]

　なお、多重代表訴訟制度の導入の要否・可否に関しては、それ以前からも活発な議論がなされており、1998（平成10）年に開催された法制審議会商法部会においても取り上げられ、1999（平成11）年の改正においては、立法化が見送られたという経緯もある。

　このように随分以前から活発な議論がなされながらも、いまだに立法化に至らず、導入の要否・可否についての論点の整理も充分になされていないということは、それだけ多重代表訴訟に関する議論が、株式会社論・法人論・法の本質論につながる難問であること[13]の証左でもあろう。

　ところが、この多重代表訴訟制度の導入の要否・可否に関しては、難問であるからといって避けて通ることはできない。本章では、まずは多重代表訴訟制度を導入すべきであるとする議論が活発化することになった契機、そして導入に関する積極説・消極説について確認したうえで、導入の要否に関し、企業グループの適正な経営責任を構築するという観点から、あるべき姿を明確にしていきたい。

2　多重代表訴訟制度導入に関する議論が活発化した契機

　親会社株主に子会社取締役等に対する代表訴訟の提起権を認める制度、すなわち、多重代表訴訟制度については、1997（平成9）年独占禁止法改正による純粋持株会社の解禁、および1999（平成11）年商法改正による株式交換・移転制度の導入を契機とした、いわゆる「株主権の縮減」に関する議論の中で活発化

するようになった。[14]

　株主権の縮減とは、株式交換・株式移転による持株会社化等により、持株会社や親会社の株主にとって、その株式価値に大きな影響をもつ子会社の事業活動の管理・監督や調査を行うことができなくなることをいう。[15]

　この株主権の縮減の問題に関連して、どのようなかたちで多重代表訴訟制度の導入が議論されているかというと、「純粋持株会社の株主の利益の源泉である子会社の事業活動にかかる子会社の意思決定には、子会社の株主として持株会社の取締役がかかわることになる。そして持株会社の株主は、持株会社の取締役の選任以外、実質的な会社意思形成に関与することができない。とりわけ、子会社管理に直接関与することができない。株主とそのために事業活動を行う者との間に持株会社が介在し、持株会社の株主の利益の源泉に対する株主の地位の脆弱化ないし権利の縮減が問題となるのである」といった問題提起にからめ、「子会社取締役の代表訴訟制度は、持株会社の取締役が利用するが、これは有名無実のものである。代表訴訟制度の趣旨から、持株会社の株主に持株会社の取締役だけでなく、子会社の取締役に対する代表訴訟提起権が認められることが要請される」といったように、株主権の縮減の問題が、多重代表訴訟制度の導入に積極的な見解の根拠として提示されている。[16]

　そしてこの問題は、株主代表訴訟提起後、株式交換や株式移転によって、親会社の株主になった者が原告適格を失うという一連の裁判例[17]が登場することによって、より一層深刻に捉えられ[18]、さらに大きくクローズアップされることとなった。

　一連の裁判例の中で、東京地判2001（平成13）年3月29日の日本興業銀行の役員に対して提起された株主代表訴訟事件を取り上げて確認してみると、1999（平成11）年4月に提起された日本興業銀行の役員に対する株主代表訴訟が係属中の2000（平成12）年9月、興銀・富士銀行および第一勧銀は、共同の株式移転により、みずほホールディングスを設立した。東京地裁は2001（平成13）年3月29日、「原告らはみずほホールディングスの株主となり、興銀の株主たる資格を喪失した」ことを理由に、代表訴訟の原告適格を喪失したと解し、訴訟を却下したのである。[19]

このような裁判例をきっかけに、当時の法制では、代表訴訟逃れを目的とした持株会社化を行うことが許容される制度となっており、不適切であるとの批判が噴出することになった。[20]

 これらの批判等を背景として、会社法制の現代化に対する要綱試案（2003年10月22日）においては、「株主代表訴訟制度の見直しの要否については、なお検討する」とされ、学会においても、親会社株主にも子会社取締役の責任追及訴訟についての原告適格を認めるべきであるとの主張が強くなり、多重代表訴訟に関する研究がさかんに行われるようになった。ところが会社法が制定されてからも、多重代表訴訟制度が一般的に導入されるには至らず、会社法851条の制度、すなわち、代表訴訟の係属中に、株式交換・株式移転または合併によって当該会社の株主でなくなった者の訴訟追行に関する制度が導入されるにとどまっている。[21]

 会社法851条の立法化により、確かに、株式交換・株式移転前に提起されていた株主代表訴訟の原告適格の問題は、立法的に解決はされた。[22]ところがこの問題が株主権の縮減を背景にしている以上、一般的に単体の会社であれば追及できた責任を、親子会社でも追及できるようにすべきかどうかの論点は、依然として解決しておらず、継続して議論されている。[23]

 なお、実際的に、原告適格の問題だけを取り上げても、会社法851条だけでは不十分である。なぜならば、役員に対する責任追及訴訟たる代表訴訟が提起される前に、当該役員を擁する会社が株式移転等の再編行為を行ってしまえば、もはや会社法851条は適用されなくなり、当該役員に対する代表訴訟を提起できなくなるからである。

 また、株式移転等の再編行為を行うにあたって、その対価として親会社株式ではなく、金銭を交付するというかたちをとった場合にも、同条は適用されず、株主はやはり原告適格を失うことになってしまう。[24]すなわち、何が何でも株主代表訴訟を阻止したいと仮に役員や会社が考えた場合には、金銭交付の形で再編行為を行ってしまえば、もはや当該会社の株主は、原告適格を失ってしまうことになるのである。[25]

 このように株主権の縮減を契機として活発化した多重代表訴訟制度導入に関

する問題は、株主の原告適格維持の困難性という現実の課題を残したまま、いまだに立法的な手当てがなされず、解決できない難問として残されたままの状態となっている。

3　多重代表訴訟制度導入に対する消極説、反対説の概要

多重代表訴訟に関する議論が活発化し、その導入の必要性・重要性が叫ばれるなか、その一方で、消極説・反対説も様々主張されている。ここではこれら多重代表訴訟制度導入に対する消極説・反対説を改めて概括し、確認しておきたい。

消極説・反対説は、各論者によって様々な角度から主張されているが、本章では、以下の5つに集約して捉えていきたい。

(1)　**会社法上の諸制度との整合性**　　多重代表訴訟制度が導入された場合、会社法上の諸制度との整合性がとれなくなるのではないか、ということが懸念されている。ここでまず問題となるのは、「法人格」という壁である[26]。

多重代表訴訟制度は、親会社株主が、子会社取締役の責任を追及するための訴訟である。そうなると多重代表訴訟が導入された場合、代表訴訟の場面においては、親会社株主が親会社という法人を飛び越えて、子会社取締役を提訴することになる。すなわち、代表訴訟の場面においては、定型的に親会社の法人格を否認することを認めることになる。ところが「法人格否認の法理」は、一般条項として、他の局面においてはその適用範囲が厳しく制限されている[27]。にもかかわらず代表訴訟の場面にのみ限定したとしても、その適用を一般化するとなると、あらゆる場面において法的整合性が保てなくなるのではないか、というものである。

また、「所有と経営の分離」の基本原則のもと、親会社取締役の支配権との関係も問題となる。すなわち、株主と取締役の関係について、所有と経営を分離した株式会社の基本原則の観点からみると、子会社の役員に責任のある問題が存在しているとしても、親会社が株主として責任追及するかどうかは経営判断の問題であり、多重代表訴訟は、その親会社取締役の経営判断を侵害するというものである[28]。

株主代表訴訟という制度は、株主が会社に対して、違法行為をなした役員を提訴しろという提訴請求を行ったにもかかわらず、その提訴請求に会社が応じなかった場合に、株主が会社に代わって直接口を出すというものであり、そもそも所有と経営の分離原則の例外として位置づけられているものである。ところが、例外の拡張に対しては慎重でなければならない。多重代表訴訟制度が導入された場合に、所有と経営の分離という基本原則のもと、親会社取締役の支配権との関係は、次のような場面で問題となることが想定される。親会社取締役は、一般的には、親会社の一定の事業部門を切り離して分社化（子会社化）したり、子会社株式を売却したり、子会社を清算解散するといった意思決定ができるはずである。そして、ある子会社に損害が発生した場合、当該子会社の株式の売却や当該子会社を清算することも、その権限の範囲内に含まれるはずである。このように親会社取締役の権限の範囲内の事項について、その意思決定の如何にかかわらず、親会社株主が多重代表訴訟提起権を行使して、当該子会社に損害を発生させた子会社取締役を提訴できるということになると、親会社取締役の経営判断、そして子会社に対する支配権を侵害し、それがひいては所有と経営の分離という基本原則に対する広汎な例外を設けてしまう結果となるのではないか、というものである。

　法人格の壁、所有と経営の分離原則のもとにおける親会社取締役の支配権との関係以外にも、多重代表訴訟を導入した場合、「役員の責任免除制度」との整合性も問題となる。

　この問題は、たとえば多重代表訴訟が提起されているその最中において、親会社が株主として、子会社における総会等において、多重代表訴訟の対象となっている子会社に損害を与えた子会社取締役の責任免除を決議した場合には、提訴中の当該多重代表訴訟はどうなるのであろうか、というかたちで問いかけられているものである。この点に関しては、親会社株主による多重代表訴訟が提起されている場合には、親会社の総株主の同意を得ることなく、親会社の取締役会や代表取締役が子会社取締役の責任免除を行うことは制限すべきであるという見解もある[29]。ところがこれを認めてしまった場合、責任免除制度が使える場面が劇的に少なくなるのではないか、役員に対する責任免除制度を利用させ

ないための株主権としては、やや強力すぎるのではないか、といった疑問点も考えられる。

また、100％子会社の場合には、総株主の同意が常にあるため、そもそも多重代表訴訟が成立しなくなってしまうのではないか、という指摘もなされている[30]。

(2) **多重代表訴訟制度を認める必要性に対する疑問**　次に、多重代表訴訟制度の導入に消極的、反対の立場に立つ論者が主張する内容の主なものとしては、子会社の不祥事等によって、最終的に親会社に損害が発生した場合には、親会社取締役の責任を追及することによって、損害の回復は十分に可能である、というものがあげられる。

この見解は、現行会社法においても、親会社株主は、子会社取締役等の行為により親会社に損害が発生した場合には、子会社に対する株主権の適切な行使を通じた子会社管理を怠ったこと、あるいは、グループを含めた内部統制システム構築義務違反、具体的には、会社法施行規則100条1項5号の「親子会社からなる企業集団における業務の適正を確保するための体制」を構築することを怠ったこと、といった任務懈怠による善管注意義務違反があったとして、親会社役員の責任を追及することは十分に可能であるとするものである[31]。すなわち、親会社取締役の支配力の不当行使により、それに従って子会社取締役が取引等を行い、子会社に損害が発生した場合はもちろんのこと、子会社が何か不祥事を起こした場合には、親会社の取締役がそれを是正すべきなのであり、不祥事を防止ないし是正しなかった親会社の取締役の責任を追及すれば足りるというものである。

(3) **濫訴のリスクが増大**　多重代表訴訟制度の導入に消極的、反対を唱える立場の論者が主張する3つめの主な内容としては、多重代表訴訟が導入された場合、濫訴のリスクが増大するとの懸念があげられている。

この見解は、訴訟増加を招くのではないかという懸念を払拭することに十分配慮した議論、たとえばアメリカにあるような訴訟委員会による経営判断原則に基づく却下申立制度や、株主代表訴訟の提起が単独株主権となっているわが国の制度下において原告適格の厳格化、たとえば行為時株主、特に少数株主権

第5章　グループ経営における責任追及のあり方

化の議論がまったく欠如している状態で多重代表訴訟を認めた場合には、濫訴に一層の拍車がかかるのではないか、という危惧に基づいたものである[32]。

(4) **グループ経営の萎縮**　多重代表訴訟制度の導入に消極的、反対を唱える論者の中には、さらに、多重代表訴訟を認めることにより、わが国のグループ経営が委縮することをも危惧する声もある。

この見解は、経済界が中心となって唱えているものであるが、要約すると、現行でも親会社取締役への責任追及が十分可能であるにもかかわらず、さらに子会社取締役に直接責任追及できるようなことになると、子会社取締役が積極的な事業経営をすることを躊躇するようになり、大幅な権限委譲による積極的な事業運営というグループ経営のメリットが減じられることになるというものである[33]。さらに、実質的には本社の課長や部長にすぎない子会社役員に対して株主代表訴訟の規律が及び、損害賠償責任を負わされるのは、そもそも株主代表訴訟が制度として予定しているものではないとしたうえで、「あるセクション[34]を会社の一部門とすることもできるが、前者の場合、責任者が従業員ならば代表訴訟の被告にはならないのに対して、後者の場合、責任者は取締役となるから、多重代表訴訟が認められれば、責任者は代表訴訟の被告になりうる。このような観点から会社の組織を考えるということになっては本末転倒である。」といった弊害が指摘されている[35]。

また、経済界からは、多重代表訴訟制度が導入された場合、企業間の合弁事業にも悪影響がでるのではないかといった懸念も指摘されている[36]。たとえば、A社とB社が出資しあってC社という合弁企業を設立したとする。そのC社の過半数の株式をA社が保有しているとすると、親会社であるA社の株主であれば、B社から派遣されたC社の取締役に対して代表訴訟を提起できることになる。このような状況を想定した場合、B社からすれば、恐ろしくてA社とは合弁事業はできないという判断に至ることも考えられる。すなわち、出資者である企業間において、利害の対立が尖鋭化するおそれが生じ、それでは合弁事業はとてもできないといった事態が生じる可能性が出てくる、というものである。

(5) **その他の懸念**　(1)～(4)以外にも、多重代表訴訟制度の導入には問題が

あるという見解は多々ある。

ここでは、完全子会社に限定せず、親会社以外の株主が存在する子会社においても多重代表訴訟を導入するとした場合に、指摘されている問題点を取り上げることとする。

完全子会社に限定せずに多重代表訴訟を導入した場合には、前述の(4)に記載したような合弁事業等に悪影響を及ぼすといった懸念や、親会社の子会社や孫会社に対する支配力がより一層強固なものとなり、子会社等の取締役が、その子会社の株主全体の利益よりも親会社やグループ全体の利益を優先する行動に走るおそれがあるとの指摘がなされている。

またそれ以外にも、民事訴訟法の観点からも検討が必要であるという点も指摘されている。すなわち、そもそも代表訴訟とは、第三者である株主が当事者適格を有し、受けた判決の効力が権利主体である会社に効力が及ぶ第三者訴訟担当の一類型であり、一種の反射的効力を原告株主以外の他の株主に及ぼすことから、他の株主は重ねて同一の主張をできなくなると解されているところ、多重代表訴訟に関しては、これらについての議論が十分にはなされていない、というものである。

4　多重代表訴訟制度導入に関する本章の立場

多重代表訴訟制度の導入に関しては、2に記載した積極説・賛成説の立場から、また、3に記載した消極説・反対説の立場から、それぞれ多岐にわたる活発な議論が継続して展開されている。

ここでは、グループ経営における「あるべき姿」の視点から、多重代表訴訟の制度論・立法論について、本章の立場を明らかにしたい。

まずは、多重代表訴訟を導入すべきであるとの議論が活発化したその契機となった「株主権の縮減」の問題を改めて確認しておきたい。株式交換や株式移転、そして会社分割の方法や純粋持株会社の解禁等により、会社間に完全親子会社の関係が形成されると、子会社化された従前の事業会社の株主の地位は、すべて自動的に親会社株主の地位に転換され、その権利は子会社の事業運営から遮断されることになる。そして親会社の株主総会の権限や議題も大幅に縮小され

る。たとえば純粋持株会社の場合、純粋持株会社としての完全親会社における配当財源は、基本的には子会社からの配当金や経営指導料等にすぎないから、親会社の一般株主は、これら収益財源や配当金への配分額などの適正性を確認できないまま、利益処分案の承認決議に臨むことになる[43]。その一方で、親会社取締役は、親会社の総会で選任されると、実質的には親子関係にある企業グループの運営に対するほぼ全権というべき、きわめて強大な権限を有することになる[44]。

このように親会社による子会社の管理・支配に対する株主の関与が遮断される結果、持株会社のもとにすでに分割統治された大規模な子会社の財産処分等は、親会社の総会決議を経ずに子会社段階での意思決定、実質的には親会社取締役会の意思決定のみで行われることになる[45]。このことは、純粋持株会社関係の場合に限らず、それ以外の親子会社関係の場合であっても、「子会社における重要な意思決定は、親会社の承認を要する。」といったグループ管理規定が大多数の企業集団において存在し、その規定に則した手続や対応がとられているという実態からも明らかである。すなわち、親子関係の会社間においては、実質的には、親会社の取締役および取締役会における意思決定が、下位の各子会社に貫かれるという形で、事実上の支配力たる政策決定力が及んでいることになる。

このように親会社の1つの意思決定がグループ全体の意思を統一的に決めていくことになるという実体は、2005（平成17）年に制定された新会社法において、「機関設計の多様化・柔軟化」に基づき、取締役会非設置会社、監査役（会）非設置会社が認められたことによって、ますます顕著になってきたといえるであろう。

また、機関設計の多様化・柔軟化が認められたということは、グループ全体の経営には、親会社の取締役および取締役会の意思決定に貫かれるというかたちで政策決定力たる支配力が及んでいるという、いわゆる統一的指揮に基づく重層的機関構造が法的にも是認されたことを示すものではないだろうか。

このような子会社段階での意思決定（実質的には親会社取締役会の意思決定）のみで政策が決定されていくという重層的機関構造のもとでは、取締役の経営行

為の公正性を保障するしくみが確保される必要がある[46]。すなわち、支配あるところに責任が認められなければならない。ところが現行法上は、この当然のことが明文化されていない。ついては、統一的指揮、重層的機関構造に基づく企業グループの適正な経営責任のあり方という観点からは、多重代表訴訟は制度として認められてしかるべきではないだろうか[47]。

また、株主権の縮減の問題だけではなく、グループ全体のガバナンス強化の視点[48]からも、多重代表訴訟は必要であるというのが本章の立場である。企業の競争力強化の観点から、数次の改正を経て、グループ形成手段が容易化されるなどのステップを踏み、グループ経営が時代の潮流となった。また企業が競争に打ち勝つために、新会社法において規制緩和の規定が大幅に取り入れられた。このような状況を鑑みれば、企業グループにおける取締役の経営行為の公正性、そして規制緩和の補完としてのガバナンスの強化のための制度の確保は、企業グループの適正な経営にとって、まさに不可欠の検討課題といえるであろう。もちろん、わが国には多種多様な親子会社関係が存在しており、企業集団といっても、その形態は多岐にわたっている。したがって、グループ経営の形態としては、親会社取締役および親会社取締役会の意思決定がグループ全体に貫かれているとする統一的指揮に基づく重層的機関構造に限定されているわけではなく、子会社においても、自社の裁量に基づいた独立した意思決定が行われている場合も当然想定される。

ところがそのような場合においては、より一層、多重代表訴訟制度を認める必要が出てくるであろう。なぜならば、子会社が独立していて、子会社取締役が自由裁量に基づいて経営行為を行うことができる反面、親会社においては、親子会社間の人的な関係のために子会社取締役の責任追及を懈怠するのではないかという懸念があるからこそ、多重代表訴訟を認めるべきであるという議論になると考えるからである。すなわち、子会社が独立した存在であればあるほど、それだけ子会社取締役の支配が及んでいることになり、支配あるところに責任を及ぼすべく、当該子会社取締役の経営行為の公正性を確保するための制度が必要となってくるはずである[49]。

以上の理由から、多重代表訴訟は制度的・立法的に認められるべきである、

とするのが本章の立場である。具体的には、企業集団内において、ある子会社取締役が違法行為をしたことによって、当該子会社のみならず、親会社にも損害が生じた場合には、親会社株主としては、以下の3とおりの責任追及を行うことができる制度設計とすべきである。

まず、統一的指揮に基づく重層的機関構造のもとで、子会社取締役が違法行為をした場合においては、親会社株主は、親会社取締役に対する従来どおりの代表訴訟を、あるいは、違法行為をした当該子会社取締役に対する多重代表訴訟を、それぞれ選択的に提起できるものとしたい。

一方、子会社取締役が自らの自由意思に基づいて違法行為をした場合、親会社株主は、当該子会社取締役に対して多重代表訴訟を提起でき、反面、親会社取締役の不当な支配力の行使に基づき、子会社取締役が違法行為をした場合には、親会社取締役に対して、従来どおりの代表訴訟を提起できるものとしたい。

このように親会社株主は、多重代表訴訟制度、そして従来からある代表訴訟制度を選択的に行使することを可能とする制度設計が望ましいと考えるが、前節でも確認したとおり、多重代表訴訟の導入にあたっては、消極説・反対説も多い。そこで次節においては、それら消極説・反対説に対して、本章の立場から、見解あるいは反対意見を述べていきたい。

5　多重代表訴訟制度導入への反対諸説に対する本章の見解

(1)　「会社法上の諸制度との整合性がとれなくなる」との立場に対する見解

①　法人格の壁

グループ経営とは、親会社の取締役および取締役会による1つの意思決定に貫かれるというかたちで政策決定力たる支配力が各子会社に対して及ぼされている。すなわち、グループ経営とは、統一的指揮に基づく重層的機関構造を前提としたものであるとする本章の立場からすると、「法人格の壁」の問題は、比較的簡単に解決することができる。

企業の競争力を強化するためグループ経営が時代の潮流となっているが、グループとして競争に打ち勝つためには、グループにおける経営の機動化・効率化、親会社からの指揮命令の強化・統一がきわめて重要な経営戦略となっ

てくる。新会社法によって新たに導入された「機関設計の多様化・柔軟化」は、まさにこれらを後押しするための制度であると捉えることも可能である。すなわち、非公開会社を子会社に擁する親会社は、当該非公開会社を取締役会非設置会社、監査役（会）非設置会社化することによって、経営の機動化・効率化、指揮命令の強化・統一をより推進することが可能となり、親会社の意思決定が、各子会社により貫かれやすくなる。その一方で、取締役会非設置会社に関しては、株主総会が万能の機関となる「機関権限の再配分」がなされるとともに、株主権、すなわち親会社の権限が強化されている。

このように実体面だけではなく、法制度の面からも、少なくとも政策決定力たる支配力の側面からは、グループ全体を1つの会社と捉えることは十分に可能となってくる。にもかかわらず、法人格が別個であることをもって、同一法人格内で行う場合の規制がかからないことは、むしろ不合理であるともいえるのではないであろうか。[50]

② 「所有と経営の分離」原則のもと、親会社取締役の支配権との関係

まず「所有と経営の分離」原則との関係であるが、これは新会社法において、非公開会社が認められたという点をもって解消された問題であるといえる。なぜなら、新会社法において会社は公開会社、非公開会社に区分され、株式の譲渡制限会社たる非公開会社については、前述のとおり、取締役会非設置、監査役（会）非設置の会社が認められるようになり、取締役会非設置会社においては、株主権が強化されたことをもって、株式会社においても、所有と経営が一致する場合があるということを会社法自身が認めることとなったからである。そして日本の会社の中で、非公開会社が膨大な数にのぼるという実体を見すえた場合、法は「所有と経営の分離」という原則に対するきわめて広汎な例外を認めたということがいえるであろう。

次に、親会社取締役の支配権との関係についてであるが、たとえば、親会社取締役が子会社の株式を売却したり、当該子会社を清算することができるということと、子会社に損害を発生させた取締役に対する責任追及が可能かどうかということは、別の問題として捉える必要があるのではないであろうか。

また、親会社株主が、子会社に発生した損害に対して、親会社取締役の責

任を追及するという手段と、多重代表訴訟という手段は、決して排他的なものではなく、併存可能なものである[51]。したがって、損害が発生した子会社を清算するといった親会社取締役の経営判断が、親会社およびグループ全体に損害を及ぼすものであれば、親会社株主は、当該経営判断を行った親会社取締役の責任追及をすればよく、また、子会社取締役の行為が子会社に損害を及ぼし、それがひいては親会社の損害になったという場合には、多重代表訴訟を行使すればよいのではないだろうか。すなわち、親会社株主は、状況に応じて、親会社取締役、あるいは子会社取締役の責任追及を選択的に行うことができるという制度設計にすることによって、この問題も解決することが可能となってくる。

③ 「責任免除」制度との整合性

本章では、役員に対する責任免除制度と多重代表訴訟制度は、整合性がとれないものではないと考える。

まず、役員の責任免除制度と多重代表訴訟制度の整合性がとれなくなる場面としては、多重代表訴訟が提起されているその最中において、親会社が株主として、子会社の株主総会において、多重代表訴訟の対象となっている子会社に損害を発生させた子会社取締役の責任免除を決議したといった場合である。このような場合、係属中の多重代表訴訟はどうなるのであろうか、という点が問題となる。

ところが、株主総会での要件をみたしさえすれば、どのようなケースにおいても、子会社の取締役等の責任免除が認められるわけではないはずである。具体的には、子会社の債権者、あるいは少数株主等、子会社の利害関係人に損害を与えるようなケースにおいては、当該利害関係人に損害を与えた子会社取締役の責任を免除することは許されないはずである。これは完全親会社の場合でも同様であろう。そして子会社関連の利害関係人を害しない、あるいはそのおそれがない局面においては、親会社が子会社取締役等の責任を免除するか、親会社株主が多重代表訴訟を行使するか、それは任意ということになるのではないであろうか。

(2) 「多重代表訴訟制度を認める必要性に乏しい」との立場に対する見解　　この

立場は、子会社取締役等の責任において、最終的に親会社に損害が発生した場合には、親会社役員に善管注意義務違反があるとして、親会社役員の責任を追及すればよい、というものである。すなわち、子会社が何か不祥事を起こした場合には、親会社の取締役がそれを是正すべきなのであり、不祥事を防止ないし是正しなかった親会社の取締役の責任を追及すれば足りるというものである。

ところが、実際の裁判例をみてみると、親子会社に限らず、ある会社の取締役が、他の業執行者に対して損害賠償請求をしなかったことが任務懈怠になるとして、株主代表訴訟が提起された事例において、当該取締役に善管注意義務違反・忠実義務違反があるとされたケースはほとんどない、というのが実情である。そのような事例において、原告の請求が認められるためのハードルが非常に高いという現在の裁判例の状況に鑑みると、子会社取締役の責任を追及しなかった親会社取締役の責任だけを株主代表訴訟で追及すればいいのだ、ということですべて割り切れるわけではない、との指摘がなされている[52]。実際、子会社管理について親会社の取締役の責任が認められた事例は、非常に例外的な事例に限られており[53]、親会社が子会社の取締役の責任を追及しなかったことが任務懈怠になるためのハードルは非常に高い[54]。

また、子会社不祥事に関しては、親会社取締役の善管注意義務違反・忠実義務違反による責任を追及すればよいとする説は、そもそも株主権の縮減の問題が議論された背景にある「持株会社とその傘下の子会社とは実質的経済的一体性があるにもかかわらず、法人格が別個であることをもって、同一法人格内で行う場合の規制がかからないことは不合理である」とする見解にどう答えていくのであろうか。すなわち、持株会社形態になったとたんに、子会社の法令違反行為を追及するためには、子会社管理についての持株会社取締役の責任を追及する必要があり、そのために子会社取締役の責任追及のためのハードルがあがってしまうということになれば、株主代表訴訟を回避するために、持株会社化が行われるといった事態も想定されることになる[55]。

さらに付言すれば、子会社の不祥事に対し、そもそも親会社取締役の責任を追及できない場合も十分に考えられるのではないか。確かに、親会社取締役に

よる支配力の不当行使によって、子会社が損害を被った場合には、親会社取締役の責任を追及すればたりる。また不当な影響力の行使が積極的になされなかったとしても、親会社取締役が子会社における不祥事を防止あるいは是正できる状況にあった、という場合であれば、同様に、親会社取締役の責任を追及することも可能であろう。ところが子会社で発生した不祥事に対し、親会社取締役はまったく関知しておらず、当該不祥事を防止、是正できる状況にはなかったといった場合はどうであろうか。

現行法上、親会社取締役には、子会社に対する指揮権およびそれに基づく具体的指図権は認められていない。これにともなって、子会社に対する管理義務も定められていない。もし親会社取締役に、子会社のあらゆる不祥事に対して、防止措置や是正措置をとることを義務づけるのであれば、まずは、子会社に対する指揮権および具体的指図権と、それにともなう子会社管理義務を、立法上手当てすることの方が先決なのではないだろうか。ところが多数の子会社を擁する親会社の取締役に対して、それらすべての子会社を管理させることを法は求めているのであろうか。仮に親会社取締役の義務や責任だけで、グループ全体のガバナンスをうまく機能させようとすると、逆に過剰な責任が親会社の取締役に課せられることになるのではないであろうか。[56]

なお、会社法362条4項6号を受け同施行規則100条1項、および同法348条3項4号を受け同施行規則98条1項において、取締役および取締役会が構築・運用しなければならない内部統制システムの内容が定められ、その1つとして、「当該株式会社並びにその親会社および子会社から成る企業集団における業務の適正を確保するための体制」（会社法施行規則100条1項5号、同規則98条1項5号）が明文化された。この項目が規定されたことによって、親会社取締役に子会社管理義務が新設されたと捉えることも可能であろう。ところが、第2章4において述べたとおり、本書においては、会社法施行規則100条1項5号等を含め、会社法および同施行規則の内部統制システムを規定した各条文に関しては、会社が具備すべき内部統制システムの具体的内容やレベルを確定するための事項に関しては一切言及されておらず、これらの諸条項の規定が、取締役の法的責任としての内部統制システム構築・運用義務と直接的な関連を

有しているとは理解できないとの立場をとっている[57]。

　ついては前述のとおり、これら4つの理由により、すなわち、①実際の裁判例において、子会社不祥事に関する親会社取締役の任務懈怠責任を認めたケースは非常に少ない。②子会社形態をとることによって、同一法人内と比べ、子会社取締役の責任を追及することが困難となる。③そもそも子会社不祥事に関し、親会社取締役の責任を追及すること自体が不可能な場合がある。④親会社取締役にあらゆる子会社についての義務と責任を課すことは、親会社取締役に過剰な責任を課すことになり、かえってグループ経営が円滑に機能しなくなるおそれがある。これらの理由により、本章では、子会社不祥事に関して、親会社取締役の責任を追及すれば足りるという立場に対しては賛同しかねる。前述のとおり、株主代表訴訟と多重代表訴訟を選択的に行使できるとする制度設計をとることが必要となるのではないだろうか。

　(3)　「濫訴のリスクが増大する」との立場に対する見解　　多重代表訴訟を導入することによって、濫訴のリスクが増大するとの懸念もある。ところが濫訴のリスクという点に関しては、もともとの株主代表訴訟についても懸念されていることであり、多重代表訴訟そのものの固有の課題ではなく、これをもって多重代表訴訟を導入すべきではないという理由としては、説得力に欠けるのではないか。

　もともとの株主代表訴訟における濫訴を防止するための手立てに関しては、イギリスにおける裁判所への事前許可制度やアメリカにおける訴訟委員会による却下申立制度との対比、原告適格を少数株主権化とすることや行為時株主とすること等、代表訴訟制度全体として、引き続き議論し、検討していくべき課題であると考える。

　(4)　「グループ経営が萎縮する」との立場に対する見解　　この立場は、子会社取締役に直接責任追及ができるということになると、子会社取締役が積極的な事業経営をすることを躊躇するようになり、大幅な権限委譲による積極的な事業運営というグループ経営のメリットが減じられるというものである。ところが、子会社取締役に大幅な権限委譲を行い、積極的な事業運営を行わせるということであるならば、権限をもっている者に対しては、責任追及のためのメカニズ

ムが用意されていなければならないはずである。その意味では、親会社株主による多重代表訴訟が認められることによって、子会社のガバナンスが向上するという見方もできる。すなわち、子会社取締役にも株主代表訴訟のプレッシャーがあるとしたほうが、経営の監督是正システムが適切に組み込まれているとのメッセージを社内に発信することになるからである。

 また、多重代表訴訟は、もともとは縮減された株主権の回復のための議論であるため、単体の会社でできなかった従業員に対する株主代表訴訟を、親子会社ならできるということは、株主権の縮減の範囲を超えているという意見もある。この見解に対しては、確かに、多重代表訴訟は株主権の縮減の議論を契機として活発化したものではあるが、この多重代表訴訟という制度は、前述のとおり、株主権の縮減に限定したものではなく、グループ経営におけるグループ全体のガバナンスの視点からも必要であるという本章の見解をもって問題提起としたい。

 なお、多重代表訴訟制度を導入することによって、合弁事業やM&Aにも悪影響が出ると懸念する意見もある。ところが、合弁事業とは、いわば会社同士のビジネスの問題であり、出資者である企業間において利害対立が尖鋭化しないよう、調整を行っていくことも経営戦略として重要な要素となってくるはずであり、この意見も説得力に欠けるといわざるをえない。

 (5) **その他の懸念に対する見解**　ここでは、多重代表訴訟制度の導入を全面的に反対する意見ではなく、完全子会社に限定することなく多重代表訴訟制度を導入した場合には、様々な問題点が発生するため、慎重を期すべきであるとする立場に対して、見解を述べていきたい。

 まずは、多重代表訴訟の適用範囲として、完全子会社の取締役に限定するのか、あるいは、完全子会社以外の子会社の取締役にも適用するのか、という点に関する本章の立場を明らかにしておきたい。

 グループ経営は、親会社の取締役および取締役会における1つの意思決定に貫かれているという、いわゆる重層的機関構造に基づいているという本章の立場からすると、多重代表訴訟の対象となる子会社は、完全子会社に限定されるべきではないと考える。なぜならば、親会社の取締役および取締役会における

意思決定、すなわち親会社の政策決定力たる支配力は、完全子会社に対してのみ及んでいるわけではなく、親会社以外の少数株主が存在する子会社に対しても、等しく及んでいるからである。すなわち、親会社の意思決定、具体的には、基本方針、目標、目標達成のための戦略等、親会社が決定した政策に基づいて、それに反しない形で、重要事項については親会社の承認を得ながら事業展開を行っていくという点では、完全子会社も、少数派株主が存在する子会社も同様であるからである。

このように完全子会社以外の子会社も多重代表訴訟の適用範囲に含めた場合、前述のとおり、民事訴訟法の観点からの検討の必要性が飛躍的に高まるとの意見がある。具体的には、代表訴訟を第三者訴訟担当の一類型と考えた場合、その判決の効力は会社全体に及び、他の株主は重ねて同一の主張をすることができなくなるというものである。[61]この見解に対しては、次のように考える。多重代表訴訟が導入されることによって、親会社株主が多重代表訴訟を提起し、勝訴すれば、会社に生じた損害が回復されることになる。その場合その他の株主、たとえば少数派株主が改めて多重代表訴訟を提起する必要はなくなるわけである。このように考えた場合、多重代表訴訟の適用範囲を、完全子会社に特段に限定する必要はないのではなかろうか。

6 おわりに

以上のとおり、本章においては、グループ経営とは、親会社取締役および親会社取締役会の1つの意思決定によってグループ全体が貫かれている、という統一的指揮に基づく重層的機関構造を前提としているという立場から、企業グループにおける適正な経営責任はどうあるべきかという視点に立って、多重代表訴訟は制度として立法化されるべきである、と論じてきた。

多重代表訴訟制度の導入に消極的・反対という立場をとるのであれば、まずは親会社取締役の子会社管理に関する義務と責任の明文化と、子会社取締役はどのような範囲の責任を負うのかに関して明確にする必要があるのではないだろうか。

また、多重代表訴訟制度を導入する場合には、原告適格の厳格化の検討等、

さらに充分に詰めていかなければならない課題もある。さらに、イギリスの「商務省による調査・検査権」のように国権に介入させるということに対する是非についても検討を要するが、これらの点に関しては今後に譲ることとしたい。

1) 旧商法では266条1項5号に相当する。旧商法266条1項5号では、「法令・定款違反」と規定されていたが、会社法においては、監査役や執行役の任務懈怠責任と共通の条文で構成されており、基本的には「任務懈怠」が要件となっている。
2) 最判2000年7月7日金融・商事判例1096号3頁。
3) 最大判1970年6月24日民集24巻6号625頁。
4) 拙稿「グループ経営の法的構造と諸問題（Ⅱ）」名経法学30号3～38頁においても同様の検討を行っている。
5) 想定される4つのケースのうち、4つめのケース以外の3つのケースの分類に関しては、山下友信「持株会社システムにおける取締役の民事責任」『金融持株会社グループにおけるコーポレートガバナンス・金融法務研究会報告書（13）』（金融法務研究会、2006年）38～41頁。
6) 東京地判2001年1月25日判例時報1760号144頁。
7) 最判1993年9月9日金融法務事情1372号22頁。
8) 酒巻俊雄「コーポレートガバナンスからみた企業結合法制の整備と課題」債権管理89号114頁。
9) 東京高判1994年8月29日資料版商事法務126号150頁。
10) これに対し、三井鉱山事件における最高裁判決は、親会社が保有する子会社株式の評価損の主張立証があった場合を「特段の事情」と考えているのではなく、子会社が完全子会社で経営の独立性がまったく認められないときに限り、子会社の損害を親会社の損害と同視できると解すべきであるとして、子会社の独立性が認められた場合には、親会社に生じうる損害は、子会社株式の評価損と考えるべきであるとする見解もある（近藤光男「子会社の損害と親会社取締役の責任—片倉工業事件高裁判決をめぐって」旬刊商事法務1370号8頁。
11) 志谷匡史「親子会社と取締役の責任」小林秀之・近藤光男編『新版　株主代表訴訟大系』（弘文堂、2002年）144～145頁。
12) 北村雅史＝加藤貴仁＝北川浩三＝三苫裕座談会「親子会社の運営と会社法（上）」旬刊商事法務1920号12～13頁。
13) 浜田道代「役員の義務と責任・責任軽減・代表訴訟・和解」旬刊商事法務1671号43頁。
14) 多重代表訴訟に関しては、それ以前においても論じられている。具体的には、三井鉱山事件においてである。この事件では、実体財産の減少は、子会社に生じているにもかかわらず、原告たる親会社の株主が、親会社取締役の対会社責任を問題としたことから、事案の解決としては、親会社取締役が、親会社に損害賠償を支払う帰結となった。これに対し、当該事案の解決から離れた適切な処理という観点からの一般論として、子会社に対する賠償をなさしめれば、親会社と子会社の間の賠償の問題等も一気に解決するこ

となどから、直接子会社に実体財産の減少を生じさせた子会社取締役に、子会社の損害を賠償させるための手段として、多重代表訴訟の活用が提案された（舩津浩司「『グループ経営』の義務と責任（七・完）」法学協会雑誌126巻6号1322頁）。三井鉱山事件に関しては、東京地判1986年5月29日判例時報1194号33頁（第一審）、東京高判1989年7月3日金融商事判例826号3頁（控訴審）、最判1993年9月9日民集47巻7号814頁（上告審）。

舩津先生の論述の根拠となった文献としては、山田泰弘「企業結合と代表訴訟（2・完）」高崎経済大学論集45巻3号76〜77頁。春田博「三井鉱山の株主代表訴訟の上告審判決（下）」法律のひろば11号78〜79頁、同「アメリカにおける重層代表訴訟の展開」酒巻俊雄ほか編『長濱洋一教授還暦記念　現代英米会社法の諸相』（成文堂、1996年）208頁。

15) 那須野太「企業関連法制度の重点課題」旬刊商事法務1920号68頁。

16) 森本滋「純粋持株会社と会社法」法曹時報47巻12号18頁、20頁。

17) 大阪地判2000年9月20日判例タイムズ1047号86頁（大和銀行株主代表訴訟事件）、東京地判2001年3月29日判例時報1748号171頁（日本興業銀行株主代表訴訟事件）、名古屋地判2002年8月8日判例タイムズ1145号226頁（東海銀行株主代表訴訟事件）、東京地判2003年2月6日判例時報1812号143頁（三井不動産販売株主代表訴訟事件）、東京高判2003年7月24日金融商事判例1181号29頁（横浜松坂屋株主代表訴訟事件）等。

18) 株主代表訴訟制度研究会「株式交換・株式移転と株主代表訴訟（1）—原告適格の継続」旬刊商事法務1680号4頁。

19) この裁判例以外にも、大和銀行事件（旬刊商事法務1573号4頁、判例時報1721号3頁等）。

20) この記述に関しては、志村直子「会社法制見直しの論点・二段階（多段階）代表訴訟」旬刊商事法務1909号24頁。志村氏の論述の根拠となった文献としては、株主代表訴訟制度研究会・前掲注18）4頁等。

21) 志村・前掲注20）24頁。北村＝加藤＝北川＝三苫・前掲注12）13頁［北村発言］。

22) 北村＝加藤＝北川＝三苫・前掲注12）13頁［北村発言］。

23) 北村＝加藤＝北川＝三苫・前掲注12）13頁［北村発言］。

24) 小林秀之「会社訴訟、株主代表訴訟及び内部統制における監査役の役割―監査役を軸としたコーポレートガバナンスの実践」月刊監査役553号59頁。

25) 小林・前掲注24）59頁。

26) 日弁連によると、「子会社は親会社と経済的一体性が強いとは言え、法律上は別人格であるべきであるというのが基本的考え方である」として、多重代表訴訟の導入には反対である。『「親子会社法制等に関する問題点」に対する各界意見の分析」旬刊商事法務1506号16頁。

27) 法人格否認の法理が認められる場合としては、法人格が株主により意のままに道具として支配されていることに加え、支配者に違法または不当な目的がある「法人格濫用」の場合（最判1973年10月26日民集27巻9号1240頁）と、法人とは名ばかりであって、会社が実質的には株主の個人営業である状態、または、子会社が親会社の営業の一部門に過ぎない状態にある「法人格形骸化」の場合（東京高判1978年8月9日判例時報904号65頁）の2類型しかない。

28) 島岡聖也「企業法務の展望と課題」旬刊商事法務1920号102頁。
29) 畠田公明「純粋持株会社と株主代表訴訟」ジュリスト1140号19頁。
30) 北村＝加藤＝北川＝三苫・前掲注12) 23頁 [加藤発言]。
31) 北村＝加藤＝北川＝三苫・前掲注12) 14頁 [北川発言]。
32) 北村＝加藤＝北川＝三苫・前掲注12) 14～15頁 [北川発言]。
33) 北村＝加藤＝北川＝三苫・前掲注12) 14頁。
34) 那須野太・前掲注15) 68頁。
35) 第162回国会衆議院法務委員会議事録14号・江頭憲治郎参考人発言。
36) 北村＝加藤＝北川＝三苫・前掲注12) 25頁。
37) 第162回国会参議院法務委員会第25号における法務大臣発言等。
38) 志村・前掲注20) 29頁。
39) 江頭憲治郎『株式会社法 [第3版]』（有斐閣、2009年) 452頁。
40) 新堂幸治『新民事訴訟法 [第4版]』（弘文堂、2008年) 278～279頁等。
41) 志村・前掲注20) 29頁。
42) 酒巻俊雄「企業再編と親子会社統治機構の課題」酒巻俊雄・志村治美編『中村一彦先生古稀記念　現代企業法の理論と課題』（信山社、2002年) 22頁。
43) 酒巻・前掲注42) 22頁。
44) 酒巻・前掲注42) 22頁。
45) 酒巻・前掲注42) 23頁。
46) 酒巻・前掲注42) 24頁。
47) 酒巻・前掲注42) 23頁。
48) 北村＝加藤＝北川＝三苫・前掲注12) 18頁。
49) 北村雅史＝加藤貴仁＝北村浩＝三苫裕座談会「親子会社の運営と会社法（下）」旬刊商事法務1922号53頁 [加藤発言]。
50) 舩津浩司「グループ経営の義務と責任（一）」法学協会雑誌125巻2号238頁。
51) 北村＝加藤＝北川＝三苫・前掲注12) 18頁 [加藤発言]。
52) 北村＝加藤＝北川＝三苫・前掲注12) 17頁 [北村発言]。
53) 北村＝加藤＝北川＝三苫・前掲注12) 18頁 [加藤発言]。
54) 北村＝加藤＝北川＝三苫・前掲注12) 18頁 [加藤発言]。
55) 北村＝加藤＝北川＝三苫・前掲注12) 19頁 [加藤発言]。
56) 北村＝加藤＝北川＝三苫・前掲注12) 18頁 [加藤発言]。
57) 本書第2章80～88頁。拙稿「グループ経営における内部統制システムの構築と運用（Ｉ）―内部統制システムの法的性質を中心にして」金沢星稜大学論集第45巻1号1～18頁においても、同様の検討を行っている。
58) 北村＝加藤＝北川＝三苫・前掲注12) 18頁 [加藤発言]。
59) 北村＝加藤＝北川＝三苫・前掲注12) 17頁 [北村発言]。
60) 北村＝加藤＝北川＝三苫・前掲注12) 17頁 [北村発言]。
61) 前掲注20)。

【著者紹介】

河合　正二（かわい　しょうじ）

　　1982年4月　日本電装株式会社（現「株式会社デンソー」）入社
　　2010年4月　金沢星稜大学経済学部教授
　　2012年3月　名古屋経済大学大学院博士後期課程修了（法学博士）
　　現　在　　金沢星稜大学経済学部教授

〔著　書〕
　『取引基本契約書の有利な交わし方』（かんき出版、2006年）
　『トラブル予防・回避・対処のための新版「ビジネス契約」実務大全』（共著、社団法人
　　企業研究会、2007年）

〔論　文〕
　「経営目的を達成できる子会社の機関設計」ビジネス法務第6巻2号（中央経済社、2005年）
　「得意先の『危険度合い』に応じた債権回収の進め方」旬刊経理情報No.1207（中央経済社、
　　2009年）
　「調達先倒産対応における3つの視点」ＮＢＬ907号（商事法務、2009年）
　「調達先倒産時の法務実務対応(1)～(7)」ＮＢＬ910～916号（商事法務、2009年）
　「グループ経営の法的構造と諸問題（Ⅰ）」名経法学27号（2009年）
　「グループ経営の法的構造と諸問題（Ⅱ）」名経法学30号（2011年）
　「グループ経営における内部統制システムの構築と運用（Ⅰ）」金沢星稜大学論集第45巻
　　1号（2011年）
　「グループ経営における内部統制システムの構築と運用（Ⅱ）」金沢星稜大学論集第45巻
　　2号（2011年）
　「グループ経営における経営指揮と責任」金沢星稜大学論集第45巻3号（2012年）

Horitsu Bunka Sha

グループ経営の法的研究
―― 構造と課題の考察

2012年10月5日　初版第1刷発行

著　者　河合　正二（かわい　しょうじ）
発行者　田靡　純子
発行所　株式会社　法律文化社

〒603-8053
京都市北区上賀茂岩ヶ垣内町71
電話 075(791)7131　FAX 075(721)8400
http://www.hou-bun.com/

＊乱丁など不良本がありましたら、ご連絡ください。
　お取り替えいたします。

印刷：西濃印刷㈱／製本：㈱藤沢製本
装幀：石井きよ子
ISBN 978-4-589-03458-8

© 2012 Shoji Kawai Printed in Japan

JCOPY　<(社)出版者著作権管理機構　委託出版物>

本書の無断複写は著作権法上での例外を除き禁じられています。複写される場合は、そのつど事前に、(社)出版者著作権管理機構（電話03-3513-6969、FAX03-3513-6979、e-mail: info@jcopy.or.jp）の許諾を得てください。

中村光宏著
株式譲渡制限制度の研究
A5判・148頁・3675円

株式譲渡制限制度の主たる利用者として想定される閉鎖的株式会社に対する企業法制の戦後の沿革と展開を分析。新会社法（平成17年制定）のもとでの同制度の問題点と課題を検討することにより、閉鎖会社規制の在り方の再考を試みる。

石山卓磨・河内隆史・尾崎安央・川島いづみ著
ハイブリッド会社法
A5判・402頁・3465円

会社法の基礎から応用までを段階的にしっかり学べるよう工夫した教科書。企業社会の現実をふまえた具体的事例を示したケースや発展的なトピックなどをアクセントに、会社法を実践的に修得する。

竹濱 修編
基礎クラス+α 会社法
A5判・364頁・2835円

経済的・経営的な実例をていねいに解説したうえで、問題となる法的論点については日常語を用いて会社法の基礎を中心に概説。プラスアルファとして論点解説と応用問題を付す。

酒巻俊之著
会社法 基礎講義
A5判・432頁・3990円

資格試験を目指す学生が基礎から学習できるよう、重要箇所が一目でわかる2色刷り。押さえるべき条文と判例を際立たせ、重要語句の詳細な解説を施すなど工夫したテキスト。

酒巻俊雄監修／藤原祥二・藤原俊雄編
商法大改正とコーポレート・ガバナンスの再構築
A5判・274頁・3360円

企業経営の公正化・透明化をねらった平成13・14年商法大改正を多面的に分析、評価し、将来の展望を示す。研究者のみならず、企業実務家のために曖昧な点もていねいに解明した本格的な解説書。

―法律文化社―
表示価格は定価（税込価格）です